UN

ARBITRAGE PONTIFICAL

AU XVIe SIÈCLE

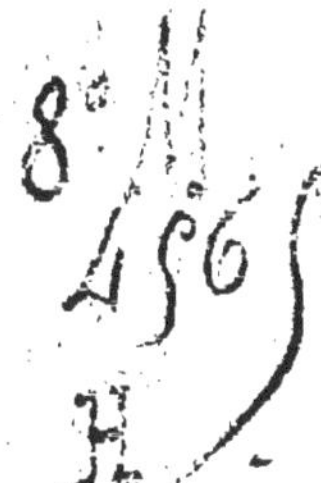

UN

ARBITRAGE PONTIFICAL

AU XVIe SIÈCLE

MISSION DIPLOMATIQUE DE POSSEVINO

1581–1582

PAR

MÉTHODE LERPIGNY

BRUXELLES
SOCIÉTÉ BELGE DE LIBRAIRIE
Ancienne Maison GOEMAERE, 12, rue des Paroissiens

PARIS
SOCIÉTÉ GÉNÉRALE DE LIBRAIRIE CATHOLIQUE
Ancienne Maison Vve PALMÉ, 76, rue des Saints-Pères

PRÉFACE

L'affaire des îles Carolines a fait surgir l'idée d'une médiation pontificale entre deux puissances prêtes à se faire justice par les armes. Ce n'est pas la première fois que les papes seront intervenus dans les questions politiques avec un but supérieur d'équité et de pacification. La trêve de Iam Zapolski en est un exemple des plus mémorables : sous les auspices de Grégoire XIII, représenté par Possevino, la Pologne et Moscou s'y sont tendu la main. L'arbitrage du pontife avait été provoqué par le tsar orthodoxe.

En vue des événements actuels, il m'a paru opportun de revenir sur ce fait historique trop peu connu en Occident. Avant d'aborder le récit de la trêve et de sa conclusion, esquissons en quelques mots ses longs préliminaires d'après les plus récentes publications (*Bibliothèque slave elzévirienne*, Paris, Leroux, t. IV, V, VI). Le lecteur sera ainsi amené à l'époque, où nous reprenons le fil de l'histoire.

Depuis deux ans (1579-1581), la Pologne et Moscou se font une guerre acharnée : la Livonie en est l'enjeu. Étienne Bathory, roi de Pologne, marche de victoire en victoire ; déjà maître de Polotsk, il met le siège devant Pskov et menace de pénétrer dans le cœur du pays. Ses prodigieux succès ont alarmé le tsar de Moscou, Ivan IV le Terrible, déjà aux prises avec mille difficultés intérieures. En 1581, le souverain orthodoxe se décide à inaugurer une politique jusque-là inouïe au Kremlin : il demande l'intervention du pape pour conclure la paix avec Bathory, et se montre très disposé à entrer dans la ligue générale des princes chrétiens contre les Turcs.

Grégoire XIII ne se berce pas d'illusions sûr la valeur de ces manifestations, mais il n'en fait pas moins un gracieux accueil aux ouvertures du tsar. Le jésuite Antoine Possevino, muni de pouvoirs étendus, est chargé de se rendre sur les lieux et de mener l'affaire à bonne fin.

Voici où en sont les choses à son arrivée : des deux côtés on désire la paix, mais à des conditions avantageuses. Bathory, fier de ses victoires, exige la cession de la Livonie tout entière ; c'est un rude sacrifice pour Ivan que de s'en dessaisir et il veut, à tout prix, en conserver ne fût-ce qu'un lambeau.

Les parties intéressées ne parviennent pas à s'entendre, elles s'en remettent au représentant du pape. Possevino s'entretient longuement et à plusieurs reprises avec Bathory ; à Staritsa, il est admis en présence d'Ivan, il négocie avec les boïars ; on décide que les mandataires moscovites et polonais se réuniront de nouveau, cette fois à Iam Zapolski, et qu'une large part sera accordée dans les débats à l'autorité pontifiçale.

Après avoir obtenu ce premier succès à Staritsa, Possevino se remet en route pour Pskov, ville fortifiée, que Bathory s'obstinait à vouloir prendre et qui le tenait en échec avec toute son armée. C'est là que commence notre récit : nous suivrons Possevino dans ce voyage, pendant lequel il écrit son premier commentaire sur Moscou ; à Iam Zapolski, nous verrons le jésuite épuiser ses talents diplomatiques, exercer l'arbitrage au nom du pape, amener enfin, à force d'énergie, de patience, d'habiletè, la conclusion d'une trêve décennale entre la Pologne et Moscou.

La controverse succédera à la politique. Possevino discutera, au Kremlin, avec le tsar sur les questions les plus élevées, sur l'unité de l'église, sur l'autorité du pape. Cette discussion ne changera presque rien aux relations mutuelles entre Rome et Moscou, ce ne sera qu'un souvenir pour la postérité. Le tsar oubliera bientôt les paroles de reconnaissance adressées à plusieurs reprises au pape et à son représentant, mais le fait même de l'intervention pontificale entre deux souverains ennemis, sur le désir du tsar orthodoxe, restera dans l'histoire comme un phénomène remarquable, quoique isolé, de l'ordre idéal, rêvé par quelques grands esprits, où l'arbitrage suprême du pape aurait remplacé les luttes sanglantes de nation à nation.

CHAPITRE PREMIER.

LE COMMENTAIRE DE POSSEVINO SUR MOSCOU.

Possevino en audience de congé chez Ivan IV. — Dernières dispositions pour le départ. — Itinéraire tracé par le tsar. — Arrêt forcé à Bor. — Possevino rédige son premier commentaire sur Moscou. — Ses principes et son idéal. — Portrait du tsar. — Ses rapports avec l'Église. — Pouvoir absolu. — Manque d'instruction dans le peuple. — Sa religion consiste en pratiques extérieures. — Critique des procédés romains employés jusque-là. — Programme pour l'avenir. — Compte-rendu des dépenses envoyé par Possevino à Rome.

Avant de quitter Staritsa, Possevino eut son audience de congé, le 12 septembre 1581. Jamais encore le tsar Ivan IV n'avait été aussi gracieux, aussi prévenant qu'à cette occasion. Deux jours auparavant, un courrier avait apporté une lettre de

Bathory, fièrement tournée et datée du 2 août (1); le roi de Pologne ne désarmait pas, Pskov était réduit à la dernière extrémité, la paix devenait de jour en jour une nécessité plus pressante et Ivan comptait sur Possevino pour obtenir des conditions moins dures.

D'un commun accord on avait arrêté les dispositions suivantes : Possevino devait se rendre auprès de Bathory; quant à ses compagnons, Campana porterait des messages à Rome, Drenocki et Morieno resteraient en Moscovie; on conservait ainsi des intelligences dans la place et Ivan se flattait d'avoir des otages entre les mains. Ces mesures, en partie provoquées par le tsar lui-même, furent, à l'audience, approuvées d'une manière plus solennelle en présence des boïars. « Tu iras trouver le roi Étienne », dit Ivan à Possevino, « tu le salueras de notre part et, après avoir négocié la paix d'après

(1) Kojalovitch, *Journal de la dernière campagne de Bathory*, en russe, p. 771.

les ordres du pape, tu reviendras auprès de nous, car ta présence nous est toujours agréable, à cause de celui qui t'envoie et de ta fidélité dans nos affaires. » Des paroles également aimables furent adressées au P. Campana ; quant au P. Drenocki, il le fit approcher de son trône, affirma de nouveau qu'il ne quitterait pas le pays, et, lui mettant la main sur la tête, il dit à Possevino : « Sois tranquille, il sera tout aussi bien traité pendant ton absence, que si tu étais présent. »

En rentrant chez eux, les jésuites trouvèrent leur table copieusement servie par ordre du tsar. Vers la fin du repas, on leur apporta des provisions de bouche pour le voyage et un baril de vin, chose assez rare à Moscou. Dans la soirée, ils furent de nouveau mandés au palais et comblés de présents : le tsar se chargeait des frais de route et leur offrait des fourrures et des vêtements. Refuser ces gracieusetés eût été blesser le donateur ; Possevino en consacra une partie au rachat des prisonniers, une autre fut distribuée aux *pristavs* (adjoints), qui ne se gênaient pas de la réclamer à grands cris. Le départ fut fixé au 14 septembre (1). Les voyageurs furent munis d'un sauf-conduit, d'après lequel était puni de mort quiconque leur susciterait le moindre obstacle (2). Dans la bouche d'Ivan ces paroles n'étaient pas une vaine menace.

Quelque touchantes que fussent ces scènes d'adieux, la médaille avait cependant son revers. Pour régler le voyage de Possevino, Ivan fit rédiger plusieurs lettres dont l'une est adressée au *pristav*, qui cumulait les fonctions de guide avec celles d'espion. Il devait inscrire scrupuleusement tout ce qui échapperait au jésuite en matière politique et se bien garder de l'introduire à Novgorod. Cette ville, qui se trouvait sur la route, était exposée aux attaques des Polonais ; le mieux était de la soustraire à des regards observateurs (3). De son

(1) *Antonii Possevini Missio Moscovitica*, Parisiis, Leroux, p. 39.

(2) *Mon. des rel. dipl.*, en russe, X, col. 235.

(3) *Ibidem*, X, col. 238.

côté, Possevino laissait au P. Drenocki de longues instructions, d'un caractère surtout théologique, avec des réponses à toutes les objections de ce genre qui pourraient êtres faites (1). Il ne se doutait pas que son infortuné compagnon serait condamné à l'isolement et traité presque comme un prisonnier de guerre.

En chemin, Possevino reçut encore un long message du tsar, où celui-ci réfutait une à une toutes les accusations portées contre lui par Bathory dans sa fameuse lettre du 2 août (2). L'itinéraire à suivre avait été prescrit par Ivan lui-même. On mit à peu près quinze jours pour parvenir jusqu'au lac d'Ilmen, espèce d'inondation permanente d'une surface de mille kilomètres carrés, formée par un grand nombre de rivières qui, se rejoignant au même endroit, ne trouvent pas un écoulement assez rapide. La traversée du lac ne

(1) Tourguénev, *Hist. Russiæ mon.*, *Suppl.*, p. 9, nº IX.
(2) *Mon. des rel. dipl.*, X, col. 206.

dura pas moins de huit heures. Aux portes de Novgorod, une escorte de deux mille Tartares vint offrir ses services aux voyageurs. Il y eut un arrêt forcé de quatre jours à Bor, non loin de Pskov. Bathory avait été prévenu de l'arrivée de Possevino ; il fallait attendre la réponse royale et l'escorte polonaise.

Dans cet intervalle, un interprète moscovite, dont le nom est resté inconnu, renonça au schisme pour embrasser la foi catholique (1). Possevino sut encore d'une autre manière tirer parti de ses loisirs. Le cardinal de Côme lui avait recommandé, au nom du pape, de noter ce qu'il jugerait digne d'attention. Aussi avait-il à Staritsa rédigé, jour par jour, toutes ses conversations avec le tsar et les boïars. Envoyé plus tard à Rome, ce journal a échappé jusqu'ici aux plus minutieuses recherches (2). Le commentaire sur Moscou, écrit à la même époque et sous la même impulsion, a été heureusement plus favorisé par le

(1) *Possevini Missio Moscovitica*, p. 43.
(2) Voir l'Appendice, nº I.

sort. Possevino lui-même l'a publié dès l'année 1584 dans sa *Moscovia*, où il a réuni toutes les pièces officielles ou autres qui se rapportent à la trêve de Iam Zapolski. Nous ne parlerons en ce moment que du premier commentaire sur Moscou, daté de Bor, 29 septembre 1581. Ce travail est remarquable à plus d'un titre : quelques semaines avaient suffi à l'auteur pour se rendre compte de la vie intellectuelle et religieuse des Russes, pour saisir le secret du mécanisme gouvernemental alors en vigueur, et pour dresser un programme, qui, fidèlement observé, eût peut-être amené la fusion de l'élément latin avec l'élément moscovite, créé en Europe une forte et compacte unité slave et assuré à celle-ci l'hégémonie en Orient.

Avant d'aborder la politique, Possevino se place à un point de vue essentiellement surnaturel. Pour répondre d'avance à ceux des écrivains russes qui volontiers font de lui une espèce d'Alexandre en soutane, un conquérant désireux de subjuguer la Moscovie au pape, il importe de préciser ici l'état de la question. Possevino n'était pas ce qu'on appelle vulgairement un convertisseur et rien ne l'eût moins satisfait qu'une entente extérieure quelconque entre Rome et Moscou, sans conviction sincère, sans transformation complète. Un principe plus élevé servait de base à ses calculs : avec toute l'énergie de son âme, il croyait qu'il n'y a qu'une seule vraie Église, comme il n'y a qu'un seul vrai Dieu et qu'un seul Christ et qu'une seule voie qui mène au Christ et à Dieu ; le fondateur de l'Église l'a revêtue des frappants caractères de la vérité, auxquels ne sauraient résister ni la vraie science ni la bonne foi. Possevino se charge de dire aux peuples séparés de Rome : regardez et voyez, se remettant pour le reste à l'action intime de la Providence sur les esprits. L'idée religieuse se confond chez lui avec l'idée politique : l'unité dans la foi doit engendrer une action commune contre le grand ennemi du moment, soustraire l'Europe à l'empire de l'Islam et planter la croix sur le Bosphore.

Cette alliance générale des Chrétiens contre les

Turcs était l'idéal que Possevino caressait depuis longues années ; il faut en tenir compte, sous peine de ne rien comprendre ni à ses livres, ni surtout au rôle qu'il a joué à Moscou. Mais l'idéal devait s'incarner dans les faits, dès lors l'étude et l'observation deviennent nécessaires, elles ne feront pas défaut à notre auteur.

Ce qui le frappe tout d'abord c'est le tsar. Il lui fait l'impression d'un roi-pontife, *rex sacrorum*, dominant l'Église aussi bien que l'État, absorbant dans sa personnalité tout ce qu'il y a d'initiative et de sève, et presque d'intelligence et de vie dans toute la nation. Rien qu'à le voir revêtu d'une espèce de dalmatique, avec une couronne en forme de tiare, faisant à profusion des signes de croix devant les images dont il aime à s'entourer, on dirait que c'est un évêque qui s'est égaré sur un trône. C'est qu'en effet il exerce sur l'Église russe un pouvoir absolu : les liens avec Byzance se sont relâchés, le tsar nomme lui-même le métropolitain, il le change, ou l'exile, ou le fait assommer à la manière de

Henri II ; les évêques lui paient tribut et rien ne se fait dans l'Église sans son approbation ou son consentement. Contraste bizarre ! Ivan ne craint pas de bouleverser la hiérarchie ecclésiastique, de tremper ses mains dans le sang innocent, de vivre au gré de ses lubies monstrueuses, et cependant il promène partout avec lui son confesseur, auquel il révèle une fois par an sa ténébreuse conscience, et il s'abstient de la communion pascale depuis qu'il a célébré son septième mariage, si l'on peut appeler ainsi ses unions capricieuses.

Encore moins que l'Église, l'État pouvait-il échapper au système de parfaite concentration inauguré par Ivan ? Pour garder son indépendance il fallait quitter Moscou : le célèbre Kourbski avait montré le chemin à prendre ; quelques boïars avaient imité son exemple ; autour du trône il n'y avait plus que soumission profonde ou silence calculé et inviolable. Possevino est émerveillé de la servilité des Russes : ils se courbent sans murmure sous la main de fer qui les domine et ne voient rien au delà du tsar.

C'est lui qui est la source de la science, des faveurs et presque du droit ; personne ne saurait être ni plus instruit, ni plus intelligent que lui; il dispose à son gré de la fortune et de la vie même de ses sujets : ce qu'il fait est bien fait, il n'y a pas d'autre loi que sa volonté souveraine. Aussi l'attitude des Russes vis-à-vis du tsar est-elle stigmatisée par un terme énergique : ils sont condamnés à lui offrir l'holocauste perpétuel de leur âme, de leur intelligence. Aucun rayon de lumière n'a encore pénétré dans les masses : partout s'étale l'ignorance, il n'y a pas d'académies, pas de collèges, pas d'écoles ; une seule typographie suffit abondamment aux besoins personnels du tsar, qui oppose des barrières infranchissables aux idées que l'occident pourrait importer dans la *Sainte Russie*. La religion elle-même n'exerce pas son influence civilisatrice : le peuple s'en tient surtout aux pratiques extérieures sans se pénétrer de l'esprit du christianisme. Personne ne songe à lui enseigner les vérités de la foi, les préjugés et les superstitions remplacent les bonnes doctrines, même l'observation du dimanche est oubliée;

il n'y a que labeur et souffrance pour le pauvre paysan moscovite, rien qui l'élève, rien qui le ranime, rien qui le soulage.

Cet ensemble de choses n'inspirait pas grand espoir de conciliation mutuelle. En outre, les masses étaient, par tradition byzantine, hostiles aux Latins, qu'elles connaissaient seulement de nom et qu'elles confondaient avec les hérétiques. Quant aux tsars eux-mêmes, Possevino était convaincu qu'ils s'étaient mis en rapport avec les papes dans un but purement utilitaire, se souciant fort peu de l'union religieuse, ou du titre royal, qui passait à Rome pour le but suprême de leurs désirs : Vasili III en avait agi ainsi, Ivan marchait sur ses traces.

Cependant l'envoyé pontifical ne se décourage pas : pour préparer un meilleur avenir, il se reporte vers le passé et critique vivement les procédés employés jusque-là, à partir du concile de Florence. On n'avait envoyé que des ambassades ou des lettres, à certaines occasions, sans jamais exercer une action sérieuse et constante sur les esprits qui les eût ralliés à la vérité ou, au moins, rapprochés des Latins ; les intermédiaires naturels entre Rome et Moscou avaient été mis de côté, voire complètement négligés.

Loin d'être un reproche stérile, la critique du passé n'est que le préambule d'un nouveau programme. Avec une sagacité qu'il serait injuste de méconnaître, Possevino a découvert le chemin qu'il faut suivre pour pénétrer jusque dans les entrailles du monde slave. En effet, sous la domination polonaise il y a des provinces russes ; leurs habitants — qu'on les appelle Russes ou Ruthènes, peu importe — sont congénères aux Moscovites, c'est le même sang, la même foi, la même langue ; leur sort politique se confond avec le sort de la Pologne ; ils ont par conséquent des points de contact avec les deux centres slaves, l'Église catholique peut librement s'épanouir parmi eux ; dès qu'ils seront arrachés au schisme et mis en possession de la vérité, par la force même des choses, ils deviendront les apôtres des Moscovites, et, par ces derniers, ils atteindront les Tartares de Kazan et d'Astrakhan, les montagnards du Caucase, les musulmans de l'Asie. Dans ce plan, esquissé à la hâte, il y a l'embryon de l'unité slave, fondée sur l'unité de croyances et dominatrice de l'orient. Mais ce n'est pas l'apparition éphémère d'un nonce pontifical ou d'un messager italien, peu initié au slavisme et pressé de regagner les bords du Tibre, qui amènera ces résultats ; des moyens plus puissants sont absolument nécessaires : il faut former des hommes, répandre des livres, agir ainsi sur les intelligences et les volontés ; dès qu'il y aura un clergé indigène, savant, vertueux, pénétré de sa mission, la transformation du pays ne tardera pas à se faire et l'avenir sera assuré. En conséquence, Possevino propose d'établir un séminaire russe sur les frontières mêmes de la Moscovie, soit à Vilna en Lithuanie, soit en Russie Blanche, à Polotsk, d'où l'élite des élèves serait envoyée à Rome; on aurait en Pologne une imprimerie spéciale pour les livres slaves ; le rapprochement doit être préparé sans retard : il faut adresser des brefs conciliants aux *vladyki*, évêques orthodoxes de la Russie polonaise, et en même temps faire pénétrer des prêtres catholiques avec des marchands vénitiens ou romains dans le cœur même de Moscou.

La grande idée du commentaire de Possevino n'était pas facile à saisir par des hommes étrangers au monde slave. Dans la correspondance courante, le cardinal de Côme ne se prononce pas sur ce point; plus tard, nous verrons Grégoire XIII et son ministre tirer parti de la découverte et lui donner un commencement d'exécution; elle inspirera souvent la politique de Rome et ce ne sera pas la faute des papes, si son succès n'est pas aussi complet qu'il aurait pu l'être.

Vers la fin du même mois, déjà rentré au camp de Pskov, Possevino rédige un autre document qui complète en quelque sorte son commentaire. Comme il voyageait aux frais du pape et qu'il aimait à être en règle, il envoyait régulièrement à Rome les comptes de ses dépenses. Il l'avait fait en Suède, il l'a fait aussi pour Moscou. Nous avons retrouvé une partie de ces comptes expédiés au car-

2.

dinal de Côme le 29 octobre (1) : leur examen ne manque pas d'intérêt.

Vers la fête de Pâques de l'année 1581, Possevino reçut par ordre du pape trois mille écus d'or, destinés à couvrir les frais de la mission moscovite et à subvenir aux besoins des pauvres étudiants dans les pays du Nord.

Fidèle à son principe de former les hommes et de répandre les livres pour frayer le chemin à la vérité, il obtient l'autorisation, le jour même de Pâques, de dépenser cinquante écus pour acquérir de bons livres. En route, il consacrera encore d'autres aumônes au même but, laissant ainsi partout un souvenir durable de son passage.

Des sommes plus considérables sont distribuées aux étudiants pauvres : deux cent quarante écus à ceux de Gratz, deux cents à ceux de Vienne, cent quatre-vingt-sept à ceux de Prague, deux cents à

(1) Voir l'Appendice, nos III, IV.

ceux d'Olmutz, sans compter les secours pécuniaires moins importants donnés de la main à la main.

Avec tout cela, Possevino n'avait dépensé, en octobre 1581, que deux mille cent vingt-quatre écus, et il avait payé le voyage entrepris par ses quatre compagnons pour le rejoindre, ainsi que celui de leurs remplaçants dans les collèges; il avait acheté des voitures, des chevaux, des habits, des malles, des provisions, des présents à offrir en Moscovie; il avait payé soixante-dix écus à ses deux interprètes russes, treize à ceux du tsar, douze aux cosaques de l'escorte. On avouera qu'il observait dans ses dépenses une sage discrétion.

Après cette digression littéraire et ethnographique, revenons à l'histoire.

II

CHAPITRE II.

PRÉLIMINAIRES DE LA TRÊVE.

Arrivée de Possevino au camp polonais. — État des affaires. — Assaut de Pskov. — Héroïsme des Russes. — Difficultés diplomatiques. — Conférences avec Bathory. — Départ du P. Campana. — Affaires de Suède. — Entretien du 21 octobre avec le roi. — Polonski à la Sloboda. — Ivan IV envoie de nouveaux ambassadeurs. — Ultimatum de Bathory communiqué à Possevino. — Nouveaux entretiens avec le roi. — Départ de Possevino. — Lettre de Bathory à Possevino.

Dès que Bathory eût reçu la lettre de Possevino du 26 septembre, il répondit qu'il le verrait avec plaisir et lui enverrait une escorte. Le 5 octobre, Possevino est déjà au camp polonais, Zamoyski l'invite à sa table le jour même, après quoi le roi l'admet en audience. En général, l'accueil qu'on lui fait au camp polonais est des plus sympathiques (1). A partir du 10 octobre, la correspondance avec le cardinal de Côme, interrompue depuis le 22 juillet, est reprise, ce qui fournit à nos études une nouvelle source en grande partie inexplorée.

Dans quel état se trouvaient en ce moment les affaires? L'armée polonaise était encore campée sous les murs de Pskov, de jour en jour la position des assiégeants devenait plus critique. La ville était si bien fortifiée que les plus gros canons ne parvenaient pas à entamer sa triple enceinte et ses formidables terrassements. La garnison, plus intrépide que nombreuse, était commandée par les deux boïars princes Basile et Ivan Choujski ; ils avaient tous juré de mourir plutôt que de se rendre. A la première nouvelle de l'approche des Polonais, on porta en procession autour de la ville les images miraculeuses et les reliques des saints. Le 18 août, à la

(1) Kojalovitch, *Journal*, p. 92.

sinistre lueur des faubourgs incendiés par les Russes eux-mêmes qui se retiraient dans la ville, le tocsin sonna à toutes volées et les masses compactes de l'ennemi parurent à l'horizon. Le premier engagement fut très chaud, mais le succès resta incertain. Les Polonais ne tardèrent pas à se convaincre que des travaux préliminaires étaient indispensables pour s'emparer d'une ville défendue par de gros murs en pierre, par des cours d'eau difficiles à franchir, par une position avantageuse au milieu des marais et surtout par une garnison héroïque. On fit donc des tranchées, on creusa des fossés, on éleva des tours. Le 7 septembre le feu s'ouvrit de tous côtés, le lendemain un assaut général fut livré à la ville. Ce jour restera à jamais glorieux dans les annales russes : sous une grêle de balles et de bombes, les Polonais parviennent jusqu'aux murs, ils y font une large brèche, s'emparent d'une tour, puis d'une seconde, déjà la bannière royale flotte sur les remparts de Pskov ; les Russes faiblissent et commencent à céder ; dans ce moment décisif, Ivan Choujski, couvert de poussière et de sang, descend de cheval, arrête les fuyards, ranime le courage des combattants, montre de loin le clergé qui s'avance en procession ; tout à coup un bruit épouvantable fait écho à ses paroles, une épaisse fumée monte vers le ciel, les fossés se remplissent de décombres et de cadavres : c'est une des tours, tombée entre les mains des Polonais et minée à temps par les Russes, qui vient de sauter ; alors un suprême effort est tenté, l'espoir du triomphe, l'amour du foyer, le sentiment religieux exaltent la bravoure des assiégés, la mêlée recommence avec une fureur nouvelle, elle dure jusque bien avant dans la nuit, Pskov reste au pouvoir des Russes. Mais Bathory était trop habitué à vaincre pour reculer après un premier échec; il fait reprendre les travaux, activer le bombardement et déclare vouloir, à tout prix, s'emparer de la forteresse. Cependant on avait à lutter avec de graves et toujours croissantes difficultés : le manque de munitions se faisait sentir, l'hiver approchait avec ses rigueurs ; mal vêtus, mal nourris et mal payés, les nombreux volontaires de l'armée polonaise menaçaient de déserter s'ils n'obtenaient pas leur solde. Bathory en était déjà réduit aux expédients ; il espérait toutefois que la diète, trop souvent récalcitrante, lui voterait de nouveaux subsides à défaut desquels il promettait en attendant de livrer à la soldatesque soit ses biens personnels, soit quelques starosties sans titulaires.

Dans ces circonstances, on eût pu supposer que la mission de Possevino serait, jusqu'à un certain point, assez facile, puisque, des deux côtés, la paix était non seulement désirable, mais encore désirée, malgré l'acharnement qu'on mettait à se battre, sous les yeux mêmes des Suédois, qui, paraissant tout à coup en Livonie, tendaient la main vers l'enjeu de la guerre, au détriment des deux rivaux. Il en fut bien autrement, grâce aux prétentions exagérées des deux parties, à l'ardeur qu'elles mirent à les soutenir, aux accès de méfiance envers le négociateur pontifical. Le rôle de ce dernier était dicté par le cours même des événements : chargé de l'arbitrage par le pape, préoccupé de la ligue anti-ottomane, il ne désirait rien tant que de pacifier les princes chrétiens ; la Livonie sillonnée d'églises et de collèges, soumise à un roi catholique qui reconnaîtrait peut-être le pape comme suzerain, était un rêve qu'il caressait volontiers ; cependant le bienfait de la paix lui semblait devoir être acheté, fût-ce même au prix d'un lambeau de cette province. Bathory n'admettait pas cette hypothèse ; fier de ses succès, il craignait parfois que Possevino ne se laissât aveugler par son zèle d'apôtre et ne fît passer pour une nécessité politique ce qui ne serait au fond qu'un élan de prosélytisme : la cession de la Livonie tout entière était donc le dernier mot du roi de Pologne.

La disposition des esprits, telle que nous venons de l'esquisser, se traduisit fidèlement dans l'ordre des faits. A peine arrivé, Possevino eut de longues conférences avec Bathory, avec Zamoyski, avec les sénateurs. Le résultat en fut consigné dans un message, daté du 9 octobre, que l'interprète André Polonski fut chargé de porter à Ivan. Possevino lui dit très franchement que le roi de Pologne maintient son ultimatum, qu'il consent toutefois par égard pour le Saint-Siège à envoyer des ambassadeurs dans une ville frontière. Le tsar est vivement exhorté, dans son propre intérêt, à profiter de cette occasion, autrement la campagne sera poursuivie pendant tout l'hiver; on fait de grands préparatifs, les munitions arrivent de Riga, des renforts sont attendus, Pskov est dans un triste état, les Novgorodiens n'ont pu y pénétrer, Khvostov a été fait prisonnier. Possevino termine sa lettre par la promesse d'écrire encore dans huit jours en faveur de la paix; il en appelle aux sentiments chrétiens du tsar, au jugement de Dieu, enfin il annonce le prochain départ du P. Paul Campana (1).

Celui-ci partit en effet, le 10 octobre, avec les papiers énumérés dans la lettre de Possevino au cardinal de Côme du 20 octobre (2), mais il n'alla

(1) *Mon. des rel. dipl.*, X, col. 248. Polonski s'appelle dans les sources occidentales Apollonius.

(2) Voir l'Appendice, nº II.

pas jusqu'à Rome, comme c'était convenu avec Ivan; les ordres de ses supérieurs l'arrêtèrent en Pologne, où il fut chargé d'administrer, en qualité de provincial, les collèges de la compagnie de Jésus.

Un long mois s'écoula avant l'arrivée des réponses moscovites. Pour Possevino, le temps ne fut pas perdu. Ni ses prédications en latin aux chefs de l'armée, ni son apostolat auprès des soldats, dont une bonne partie était hétérodoxe, ni sa correspondance avec le nonce de Varsovie à propos d'une nouvelle promotion d'évêques, ni les soins prodigués aux séminaires nationaux que Grégoire XIII érigeait de tous côtés, ne l'empêchaient d'embrasser sous toutes ses faces et de poursuivre avec sa vigueur accoutumée la grande affaire de la réconciliation. Le 17 octobre, il eut un long entretien avec Bathory, surtout au sujet de la Suède. Jean III n'avait tenu aucun compte des avertissements du roi de Pologne, qui voulait le tenir complètement à l'écart de la Livonie; les Suédois s'étaient servis d'un sauf-conduit polonais, délivré dans un autre but, pour faire en Allemagne une levée de deux mille hommes, que Pontus de la Gardie faisait manœuvrer avec succès sur les bords de la Baltique ; Bathory n'entendait pas arracher la Livonie au tsar pour en gratifier la Suède, les procédés de Jean III l'exaspéraient ; en cas de trêve avec Moscou, il voulait qu'il en apprît la nouvelle sous forme de fait accompli. Possevino envisageait la question avec plus de calme : les Suédois s'étaient déjà emparés de quelques forteresses livoniennes, que les Polonais, toujours pauvres en fantassins, auraient de la peine à reprendre ; la dot de la reine de Suède, belle-sœur de Bathory, n'avait pas encore été liquidée; c'était une grosse question qui pouvait provoquer de sérieux embarras ; autant valait dans ces circonstances rester en bons termes avec le roi de Suède. Ces conseils de modération prévalurent dans l'esprit d'Étienne ; Possevino fut autorisé à renseigner Jean III sur les derniers événements moscovites et sur la trêve à conclure.

Selon sa coutume, il profita de l'occasion pour

faire converger les projets politiques de Bathory vers ses propres vues de propagande religieuse. Le rétablissement du culte en Livonie était un thème, pour ainsi dire, inévitable, mais cette fois il y avait encore plusieurs détails à régler. Ainsi Possevino insiste pour que Viélikilouki ne soit pas rétrocédé à Ivan, car ce serait un point favorable pour pénétrer à Moscou ; il supplie que le sang soit épargné dans le siège de Pskov et, si la ville est prise, qu'on le laisse faire une levée de jeunes gens, futurs apôtres des Russes ; la question imminente était celle des ambassadeurs à nommer pour les négociations, il fallait les prendre parmi les Lithuaniens ; or les catholiques de marque n'étaient pas nombreux dans leurs rangs, et Possevino ne désirait rien tant que des ambassadeurs catholiques ; Radziwill, le candidat qu'il patronnait, était excellent, mais vieux et sourd.

Bathory promit de tenir compte de ces observations et accorda sur le champ la liberté à quelques prisonniers moscovites, parmi lesquels se trouvait un parent du *grand chancelier* d'Ivan (1). Les graves paroles du jésuite portaient leurs fruits : il avait eu soin de rappeler que le Dieu des armées accorde les victoires aux hommes de son choix ; l'échec devant Pskov était peut-être un avertissement afin que le roi ne fût pas tenté de se dire : *manus mea excelsa et non Deus hæc omnia fecit*. Déjà quelques jours auparavant Bathory avait été touché jusqu'aux larmes à un sermon de Possevino adressé aux chefs de l'armée : l'orateur enflammait leur courage et leur ouvrait de vastes horizons; les trois campagnes victorieuses contre Moscou ne devaient être que le premier pas pour la conquête de l'Asie, dont on était déjà si rapproché. L'enthousiasme se trahit dans ces paroles : il était sans doute provoqué par la vue des fiers gentilshommes au regard ardent, aux longues moustaches, qui brandissaient leurs sabres à l'Évangile de la messe, — belliqueux

(1) Possevino désigne ainsi le *diak* (employé) Solcanov, dont le vrai nom est Stchelkalov.

témoignage de leur promptitude à mourir pour la foi (1).

Cependant, malgré l'espoir de reprendre les négociations, malgré les difficultés du siège, Bathory s'acharnait à le poursuivre ; il était même question d'un nouvel assaut. Les plus graves sénateurs n'étaient pas sans inquiétude sur l'issue de ces projets : cédant à leurs instances, après avoir longtemps tergiversé et consulté Zamoyski lui-même, Possevino se décide à en parler au roi le 21 octobre. Le surnaturel est au premier plan du discours : les hérétiques, les hétérodoxes, tant d'autres mal préparés à la mort, perdraient avec la vie toute chance de salut, s'il y avait un nouvel engagement. Viennent ensuite les motifs d'un autre ordre : l'assaut de Pskov, succédant aux pourparlers de Staritsa, passerait aux yeux du tsar pour un acte de perfidie et rendrait les négociations très difficiles ; affronter cette éventualité serait presque téméraire :

(1) Voir l'Appendice n° II.

il n'y a plus de vivres, plus d'argent, plus de munitions, le froid devient rigoureux, l'armée pourrait se fondre sous les yeux de son chef sans profit pour la cause, ne serait-il pas mieux d'éviter au moins l'effusion du sang et de songer à se ravitailler ? Les plus grands capitaines n'ont pas hésité à modifier leurs projets lorsque les circonstances étaient changées : Charles-Quint a abandonné le siège de Metz, Soliman a refusé de livrer bataille à Charles-Quint sur le Danube, Vasili, père d'Ivan, a mis plusieurs années pour s'emparer de Novgorod. Possevino conclut en suppliant le roi de remplacer l'assaut par un blocus; les vies seraient sauves et la conclusion de la paix plus prompte.

La réponse royale fut plus ou moins évasive : les sénateurs sont d'avis différents, chacun abonde dans son sens ; avec un adversaire de bonne foi le blocus eût été préférable ; tel n'est pas le cas, car Ivan ne cherche qu'à traîner les affaires en longueur pour pêcher en eau trouble ; du reste, l'armée des assiégeants n'en est pas encore à la dernière extrémité, on espère avoir bientôt des munitions et des vivres ; jamais l'infanterie n'a été plus nombreuse, les Polonais et les Hongrois ne craignent pas les gelées, les Allemands seuls en souffrent. Cependant Bathory promet de consulter encore le Sénat sur tous ces points, il autorise Possevino à écrire une seconde lettre à Ivan, ce qu'il avait refusé jusque-là, prend quelques mesures pour la propagation du culte catholique et l'assaut projeté n'a pas lieu (1).

Le jour même, où ces idées étaient échangées sous les murs de Pskov, André Polonski s'entretenait avec les boïars. Il était arrivé la veille dans la Sloboda, où résidait le tsar, après avoir quitté Staritsa. Le *pristav* (adjoint) du courrier polonais avait reçu, comme de coutume, l'ordre de le tenir dans un parfait isolement, de le sonder à fond sur l'état de Pskov et sur les intentions de Bathory ; si Polonski s'avisait à son tour d'aborder la politique, le

(1) P. Pierling, *Un Nonce du Pape en Moscovie*, p. 196, n° X.

pristav devait répondre : je suis trop jeune pour traiter de si graves questions. La lettre de Possevino à Ivan, du 9 octobre, fut remise aux boïars ; on comprit qu'il n'y avait pas de temps à perdre et pour cette fois la nonchalance moscovite fut bannie du conseil. Dès le lendemain, 22 octobre, on décida qu'il fallait faire la paix avec Bathory, lui abandonner les conquêtes russes en Livonie et demander la rétrocession de Viélikilouki avec trois autres villes et toutes les dépendances de Pskov. Des ambassadeurs se rendraient immédiatement dans une cité frontière, à Iam Zapolski ou ailleurs ; que Bathory y envoie les siens, que le représentant pontifical ne manque pas d'intervenir et que la paix se fasse au plus tôt, sans y admettre toutefois le roi de Suède. Polonski fut expédié immédiatement avec ces réponses ; en même temps partit un courrier russe, Zacharie Boltine, avec un sauf-conduit pour les ambassadeurs de Bathory et un message pour Possevino (1).

(1) *Mon. des rel. dipl.*, X, col. 246, 257. La lettre

L'empressement d'Ivan à répondre rendait inutile la seconde lettre de Possevino (1), rédigée à la suite de l'audience du 21 octobre, dont il a été question plus haut. Un curieux rapprochement est à faire ici : à Bathory il avait parlé de la détresse qui régnait au camp polonais, du danger auquel on s'exposait en risquant un nouvel assaut ; c'est la contre-partie de l'état actuel des choses qu'il expose à Ivan : les munitions et les renforts arrivent, les préparatifs vont leur train, la campagne sera continuée pendant tout l'hiver, au printemps il y aura des incursions hostiles. Assurément la réponse de Bathory avait mitigé les appréhensions de Possevino ; son intention n'en est pas moins évidente : il veut exercer des deux côtés une pression en faveur de la paix, et comme chacun des deux rivaux s'obstine à ne voir que les lumières du tableau, il en montre à chacun les ombres plus ou moins opaques.

d'Ivan IV à Possevino, 23 octobre 1581, a été publiée par Tourguénev, *Hist. Russiæ mon.*, *Suppl.*, p. 49, nº XVI.

(1) *Relacye nunc.*, I, p. 353.

Ce procédé est reçu en politique, les diplomates n'y verront pas un défaut de sincérité.

On était déjà en plein novembre, lorsque les réponses de Moscou commencèrent à arriver au camp polonais, dont l'aspect n'était pas des plus rassurants : Bathory devait se rendre prochainement à la diète de Varsovie, Zamoyski promettait de rester à son poste, on avait de la peine à retenir les soldats sous les drapeaux, le détachement chargé de s'emparer du couvent de Pétchersk y trouvait une résistance imprévue, une poignée de moines, renforcée par des paysans, tenait en échec de vaillants guerriers. La perspective d'une paix prochaine ne pouvait ne pas sourire au plus grand nombre.

Le 8 novembre, parut un courrier moscovite pour annoncer l'arrivée des ambassadeurs (1). Le lendemain, arriva un autre courrier du palatin de Novgorod avec les nouvelles de Polonski et l'assurance

(1) Kojalovitch. *Journal*, p. 147.

que le second message de Possevino avait été envoyé à Ivan. Le jour même le jésuite eut avec Bathory une longue conversation, qui mérite d'être mentionnée spécialement.

Désormais le doute n'était plus possible : la réunion des ambassadeurs ou, pour parler le langage moderne, le congrès diplomatique était imminent. On comprend le désir de Possevino d'être exactement renseigné, de savoir au juste quel était l'ultimatum, dont dépendait la conclusion de la paix. Quelle ne fut donc pas sa surprise lorsque, sur ces entrefaites, Zamoyski lui apprend l'existence d'un décret irrévocable de la diète, qui n'admet d'autre base pour traiter avec Moscou que la cession de la Livonie tout entière, sans qu'une seule forteresse, sans qu'un pouce de territoire pût être sacrifié. Ainsi s'évanouissait presque tout espoir de conciliation, car, Ivan, lui aussi, avait ses décrets irrévocables, au moins les donnait-il pour tels ; et, de fait, malgré les conquêtes de Kazan et d'Astrakhan, malgré ses annexions en Asie, il tenait à la Livonie, comme au plus beau joyau de sa couronne ; au moins voulait-il à tout prix y garder un pied pour ne pas s'isoler complètement de l'Europe. A cette nouvelle inattendue, Possevino crut pouvoir de nouveau interpeller le roi, et, fort de sa sincérité, de ses droites intentions, il lui représente, le 9 novembre, en termes aussi mesurés qu'énergiques, que le délégué du pape, chargé de l'arbitrage, doit être mis au courant de tous les détails, sans aucune arrière-pensée. Au cœur de l'hiver, les communications allaient devenir très difficiles, il valait mieux s'entendre immédiatement et s'épargner l'ennui des correspondances ; personne ne pouvait douter de son dévouement à la cause polonaise ; les collèges de la Compagnie de Jésus, disait-il à Bathory, sont autant d'otages que vous avez entre les mains, d'autant plus que je n'ai guère l'intention de *réduire mon âme en bouillie* pour faire plaisir à un prince schismatique. Ce langage incisif était inspiré par le soupçon qu'on lui cachait la vérité, qu'on exagérait les prétentions pour exciter son zèle, qu'on craignait sa partialité à l'endroit d'Ivan : c'était autant de motifs pour exiger avec plus de vigueur des éclaircissements, surtout sur les deux points suivants : d'abord si le tsar veut à tout prix retenir un lambeau de la Livonie, peut-on lui céder quelque chose, surtout s'il promet de prendre les armes contre les Tartares ? ou bien faut-il de nouveau courir les chances d'une guerre qui peut se compliquer par les prétentions des Suédois, des Danois et même de l'empereur ? ensuite quelle part serait à faire à la Suède dans la paix avec Moscou ? Des relations de bon voisinage ne seraient-elles pas précieuses avec un État, qui, après tout, pèse dans la balance, même aux yeux des plus fiers sénateurs, sans parler d'Ivan ?

Bathory se réservait d'exprimer plus tard ses appréhensions ; pour le coup, sa réponse fut aussi ferme que courtoise : comme deux épées, disait-il, ne peuvent entrer dans le même fourreau, de même la Livonie ne saurait appartenir à deux maîtres ; seuls, les Polonais ont droit sur une province qui s'est mise sous leur protection, qui leur a déjà coûté beaucoup de sang, que lui-même a juré de revendiquer, dont la Diète exige la cession avant de permettre qu'on dépose les armes. Quant à la Suède, qui avait envahi une partie de la Livonie, Bathory pensait qu'on pourrait lui procurer une trêve d'un an, en réservant toutefois les droits de la Pologne (1).

Après ces explications, Possevino se trouvait à peu près au même point qu'auparavant. La lumière était loin d'être faite, mais il ne se décourageait pas. Le 14 novembre, Polonski revint de Moscou avec Boltine que le tsar lui avait donné pour compagnon. Ils étaient porteurs d'un message, daté du 23 octobre (2), dans lequel Ivan annonçait l'envoi de ses ambassadeurs à Iam Zapolski, espèce de village situé entre Porkhov et Zavolotch ; les ambassadeurs polonais n'avaient qu'à s'y rendre de leur côté et la paix se ferait. A la suite de ces nou-

(1) P. Pierling, *Un Nonce du Pape en Moscovie*, p. 204, n° XI.

(2) Tourguénev, *Hist. Russ. mon.*, *Suppl.*, p. 49, n° XVI.

velles, Possevino passa toute la soirée avec le roi et Zamoyski ; il obtint l'autorisation d'écrire à Pontus de la Gardie pour mettre ainsi le roi de Suède au courant des affaires (1), et insista pour l'envoi d'ambassadeurs catholiques. Le 16 novembre, nouvel et intime entretien avec le roi ; victorieux jusque-là et trahi maintenant par la fortune, humilié par la résistance de Pskov, encore plus par l'échec de son armée devant le monastère de Pétchersk, Bathory était sous le coup d'une profonde émotion ; il ne fut pas difficile à l'éloquence persuasive du jésuite de le toucher jusqu'aux larmes. Dieu, disait-il, a parlé et il faut se conformer à sa parole ; si la victoire a déserté le drapeau polonais, c'est que le moment est venu de conclure une paix honorable, d'autant plus que les conquêtes des Suédois en Livonie préparent de nouveaux obstacles pour l'avenir et que l'état intérieur du pays réclame sans partage tous les soins de son souverain. L'exemple de

(1) Archives du Vatican, *Germ.*, 93, p. 330.

Charles-Quint venait ici à propos : pour avoir voulu conquérir l'Afrique, il a perdu l'Autriche et la Hongrie. Bathory comprit parfaitement le fond de la pensée de Possevino qui voulait lui faire signer la paix avec Moscou pour lui offrir l'Orient, et, prenant Dieu à témoin, il lui affirma à deux reprises que, vis-à-vis des Moscovites, son unique but était de leur couper le chemin de la Lithuanie, qui pourrait leur servir de base pour la conquête de la Prusse et de l'Allemagne. Des réponses également satisfaisantes furent données sur tous les autres points, surtout sur le choix des ambassadeurs.

En attendant, les préparatifs de départ se poursuivaient activement. Bathory avait répondu, le 16 novembre, à la lettre d'Ivan apportée par Boltine (1), les sauf-conduits avaient été échangés et, le 29 novembre, Possevino se mit en route (2).

(1) Tourguénev, *Hist. Russ. mon.*, *Suppl.*, p. 51, n° XVIII.

(2) Voir l'Appendice, n^os V-IX.

Rien ne peint mieux la situation et ne donne une idée plus exacte de la disposition des esprits que la lettre adressée le même jour par Bathory à celui qui devait, au nom du pape, négocier la paix. Le roi rappelle l'attachement séculaire de la Pologne au Saint-Siège, tandis que le tsar n'a aucun titre pour parler de son union avec Rome ; Possevino est adjuré de mettre au service de la vérité et de la justice le zèle, dont il a fait preuve en défendant les intérêts d'Ivan ; tout le ton de la lettre trahit l'appréhension de Báthory, que nous avons mentionnée plus haut : il craint que Possevino ne se laisse fasciner par le mirage de la conversion d'Ivan, qu'il ne lui fasse des conditions trop faciles ; aussi la cession à la Pologne de la Livonie tout entière est-elle spécifiée avec la dernière énergie (1). Après avoir expédié cette lettre, Bathory ne tarda pas à quitter Pskov pour se rendre à la diète.

(1) Voir l'Appendice, no X.

III

CHAPITRE III

TRÊVE DE IAM ZAPOLSKI.

Ouverture des négociations. — Les Polonais à Iam Zapolski, les Russes avec Possevino à Kivérova Gora. — Représentants des deux parties. — Possevino reconnu comme arbitre. — Lacune dans les documents. — Scène tragi-comique. — Causes de lenteur dans les négociations. — Possevino prépare le terrain. — Les séances sont inaugurées le 13 décembre 1581. — Cessions territoriales et formules d'étiquette. — Prétentions des deux parties sur la Livonie. — Moyen ingénieux de les équilibrer. — On parvient à s'entendre. — Droits d'Ivan au titre royal. — Observations de Possevino. — Solution de la question. — Affaires réservées. — La trêve est conclue le 15 janvier 1582. — Satisfaction des Polonais et des Russes. — Possevino songe au voyage de Moscou.

Comme lieu de réunion des négociateurs, on avait proposé Iam Zapolski, petit village situé sur la route de Novgorod, entre Porkhov et Zavolotch. Les inconvénients du choix se firent sentir immédiatement : tout autour, le pays avait été ravagé par le fer et le feu ; il n'y avait que des ruines au milieu d'une campagne déserte; c'est à peine si les Polonais avec leur suite trouvèrent à s'y loger. Les Moscovites s'abritèrent tant bien que mal, non loin de là, à Kivérova Gora. Possevino ne voulut pas les quitter afin de leur inspirer plus de confiance. On vit alors cette obscure bourgade s'animer tout à coup ; autour des cabanes échappées à la ruine se dressèrent des tentes, destinées à la nombreuse escorte des Moscovites et aux marchands qui les accompagnaient. C'était encore là une tradition byzantine : les diplomates du Kremlin n'étaient pas défrayés par le tsar, et le trafic couvrait d'ordinaire leurs dépenses; aussi se partageaient-ils consciencieusement entre les affaires d'État et le commerce, travaillant à l'unisson avec les marchands de leur suite. Grâce à ces circonstances, on eût dit qu'il y avait à Kivérova Gora une fête foraine plutôt qu'un congrès d'ambassadeurs.

L'aménagement des nouveaux arrivés laissait

beaucoup à désirer. Ainsi l'habitation de Possevino, où l'on se réunissait pour les séances communes, était une méchante cabane composée d'une seule et unique pièce, au fond de laquelle se dressait un autel improvisé. Le système de chauffage par un froid des plus rigoureux était absolument primitif ; la fumée n'avait d'autre issue que les portes et les fenêtres ; de là des promenades forcées tant que le bois flambait à l'intérieur, et l'agrément de se voir le matin tout couvert de suie qui se détachait, durant la nuit, du plafond, après l'avoir revêtu d'une couche épaisse et luisante. Possevino dit plaisamment qu'il se prenait parfois pour un charbonnier ou un ramoneur. Quant aux repas, on ne pouvait compter que sur les provisions apportées sur les lieux. A cet égard, les Moscovites firent preuve de haute prudence gastronomique : tandis que les Polonais se trouvaient souvent dans la détresse, eux ne manquaient jamais de rien, et sur les ordres exprès du tsar, ils fournissaient abondamment la cuisine de Possevino. Il y avait dans ces détails des motifs assez puissants, quoique d'un ordre matériel, pour ne pas traîner les négociations en longueur ; elles durèrent cependant deux mois ; les graves intérêts en jeu faisaient oublier tout le reste.

La Pologne était représentée par trois commissaires royaux : Janus Zbaraski, palatin de Braclav, le duc Albert Radziwill, maréchal de Lithuanie, et Michel Haraburda, qui remplissait les fonctions de secrétaire et qui plus d'une fois avait été en mission auprès des Moscovites et des Tartares. Les deux premiers étaient catholiques ; le dernier, orthodoxe, mais si conciliant que son fils fréquentait le collège des jésuites de Vilna. Ce choix était dû aux efforts de Possevino ; c'est encore grâce à lui que Christophe Warszewicki leur fut adjoint avec ordre de s'occuper spécialement des affaires de Suède. Le tsar Ivan envoya, de son côté, le prince Dmitri Eletski, namiéstnik (gouverneur) de Kachine ; Roman Olfériev, namiéstnik de Koselsk ; le diak (secrétaire) Véréchtchiaguine et le podiatchi (sous-secrétaire) Sviazev.

Possevino était reconnu officiellement comme l'arbitre des deux parties, à titre de légat pontifical. Il avait bien saisi son rôle qui lui faisait de l'impartialité un strict devoir : au fond, et pour cause, il était d'accord avec Bathory sur la cession de la Livonie ; vis-à-vis des Moscovites, il n'en était que plus prévenant et plus accessible à leurs réclamations. Il était convenu d'avance avec les Polonais que les concessions, s'il y avait lieu, se feraient en vue de l'intervention du pape, le prestige de son autorité serait ainsi établi aux yeux des Russes.

Nous donnerons ici un rapide aperçu de ces négociations surtout d'après les documents occidentaux (1). En Russie, on n'a publié que les instructions détaillées d'Ivan à ses ambassadeurs (2) ; quant aux rapports de ces derniers, on ne songe pas, que je sache, à les rendre du domaine public. Les his-

(1) Voir l'Appendice, n° XI.

(2) Ouspenski, *Nakaz du tsar Ivan*, *Odessa*, 1885 (en russe).

toriens russes, qui les ont eus sous les yeux, n'en ont tiré qu'un faible parti, et presque tous se sont bornés à répéter la scène tragi-comique que Karamzine a été le premier à produire (1) : on était à discuter de graves questions, lorsque Possevino, dans un accès de colère, se répandit en rudes invectives contre les envoyés du tsar. Vous êtes venus voler, leur dit-il, et non pas négocier ; puis apercevant la minute du traité entre les mains d'Olfériev, il la lui arrache, la jette dehors, s'en prend ensuite au malheureux Olfériev lui-même, le saisit au collet, le secoue, l'empoigne par les boutons de sa pelisse et le met violemment à la porte, en hurlant : Allez-vous-en, sortez d'ici. Le bon moscovite, doux comme un agneau, se laissait faire et se plaignait à peine du bout des lèvres. A vrai dire, ces procédés rentrent peu dans le caractère de Possevino, d'ordinaire si

(1) *Histoire de l'Empire de Russie*, 2me éd., IX, p. 215 note 601. Soloviev répète à peu près la même chose et confond Olfériev avec Eletski, *Histoire de Russie*, VI, p. 387.

calme et si maître de lui-même ; fussent-ils exacts, qu'il serait encore facile de plaider les circonstances atténuantes, comme on le verra tout à l'heure.

Ce qui entravait surtout la marche des négociations et les rendait extrêmement pénibles, c'était l'ignorance où se trouvait celui qui était chargé de l'arbitrage, des instructions secrètes des deux parties. Polonais et Moscovites étaient autorisés à faire des concessions, mais ils ne devaient s'y résoudre qu'à la dernière extrémité, après avoir défendu le terrain pied à pied avec l'acharnement du désespoir. Aussi qu'arrivait-il ? Les Polonais posaient des conditions, les Moscovites refusaient nettement ; Possevino entrait avec ces derniers en pourparlers, ils persistaient dans leur refus, affirmant, les larmes aux yeux, qu'il y allait de leur tête. Alors les Polonais faisaient mine de partir, aussitôt les Moscovites de se rappeler qu'il est avec le ciel des accommodements et de céder d'abord quelque chose, puis un peu plus et enfin presque tout. Venait le tour des Polonais de battre en retraite, ils demandaient à consulter Zamoyski, auquel Bathory avait laissé en partant ses pleins pouvoirs ; un courrier partait pour le camp de Pskov, il en revenait bride abattue pour faire au dernier moment des confidences à Possevino, que l'on conjurait au nom du roi et de la patrie, « au nom du Dieu vivant et de son Fils Jésus », dont il opère les redoutables mystères et dont il porte le nom, de n'accorder les concessions indiquées qu'après avoir épuisé tous les moyens de résistance (1). Dans ces conditions, il ne fallait rien moins que la singulière énergie de Possevino, sa haute capacité de travail, son zèle infatigable pour soutenir corps à corps, pendant deux mois, une lutte qui se renouvelait presque tous les jours et se prolongeait bien avant dans la nuit.

Quelques jours avant l'ouverture des séances, Possevino crut devoir préparer le terrain : une vigoureuse exhortation en faveur de la paix fut adressée à Ivan. Bathory fut prévenu qu'un petit secret

(1) Starczewskj, XII, p. 56.

moscovite avait été confié au négociateur (1) ; surtout, de longues heures s'écoulèrent dans les entretiens avec les ambassadeurs russes. Fidèle à son rôle, l'arbitre pontifical leur montra les dernières instructions ostensibles de Bathory avec l'inévitable refrain sur la Livonie, de même qu'il avait communiqué au roi de Pologne l'ultimatum moscovite (2) qui n'était aussi qu'un ultimatum de parade. L'émotion des ambassadeurs fut visible ; en pareilles circonstances, les Slaves ont l'habitude de hocher la tête et de se gratter la nuque pour activer le travail de la pensée ; l'oreille italienne de Possevino put surprendre sur leurs lèvres le mot souvent répété de *viéliki* (grand), ils voulaient dire : Bathory demande de grandes choses, de très grandes choses. Et passant de la surprise à l'indignation, ils révélèrent au jésuite, sans sourciller, que la Livonie appartenait à leur maître depuis la création du monde et que celui-ci y tenait surtout pour commu-

(1) Starczewski, p. 351, 352.

(2) *Mon. des rel. dipl.*, X, col. 206.

niquer librement avec le pape. Si cette piété improvisée était touchante, la chronologie moscovite n'en était pas moins intolérable : Possevino les supplia, dans leur propre intérêt, de ne pas remonter si haut et de se borner à l'histoire moderne. Le conseil fut suivi.

Les séances furent inaugurées le 13 décembre 1581 par une courte allocution de Possevino, qui transportait ses auditeurs dans le monde surnaturel : le Christ, disait-il, est la paix du monde, c'est lui et sa gloire qu'il faut avoir sincèrement en vue, si nous voulons que nos travaux soient couronnés de succès.

Dès le début, surgit une grave difficulté qui faillit faire avorter toute l'affaire. Les Polonais trouvaient insuffisants, surtout en les comparant aux leurs, les pleins-pouvoirs des Moscovites. Ceux-ci s'en référaient aux lettres du tsar, à ses explications verbales, aux traditions de leur chancellerie. La discussion fut des plus animées, on ne parvint pas à s'entendre. Mais la nuit porte conseil ; le lendemain, les Moscovites se déclarèrent prêts à jurer qu'ils avaient produit la formule ordinaire du Kremlin ; les Polonais avouèrent qu'ils n'en connaissaient pas d'autre ; et, après les protestations d'usage en pareil cas, on consentit d'un commun accord à entrer en matière.

Aux commissaires de Bathory, à titre de vainqueurs, appartenait le droit de préséance. Après avoir remercié le pontife, qui voulait bien se charger de l'arbitrage, ainsi que son représentant, le palatin de Braclav donna lecture des conditions polonaises ; naturellement, les envoyés russes les trouvèrent exorbitantes et la discussion s'engagea. Elle roula surtout sur deux points : sur les cessions territoriales et sur les formules d'étiquette ; toutes les autres questions, traitées à Kivérova Gora, se rattachent à celles-ci.

Et d'abord, quant aux cessions territoriales, il s'agissait de décider du sort de la Livonie. L'histoire de ce petit pays, apanage des Chevaliers Porte-glaives, a été résumée en deux mots, lorsque les Russes, vainqueurs des Livoniens, en 1561, dans les environs d'Ermis, convièrent à leur table le général ennemi Philippe Behl. Le fier prisonnier étonna l'entourage par sa grandeur d'âme, l'élévation de ses pensées et son éloquence. Pressé de questions, il s'exprima à peu près ainsi sur le sort de sa patrie : tant que nous sommes restés fidèles, dit-il, à la foi de nos pères, tant que la vertu et la piété habitaient parmi nous, Dieu nous protégeait visiblement ; nous n'avions à redouter ni les Russes, ni les Lithuaniens ; les ancêtres de vos tsars savent quel était le courage des preux chevaliers sur les champs de bataille ; mais lorsque nous avons trahi l'antique religion pour embrasser la nouvelle hérésie, lorsque la frivolité et les désordres nous ont envahis, la Providence nous a livrés, avec nos villes et nos forteresses, entre les mains de nos ennemis (1). La triste réalité inspirait à Behl ce lan-

(1) Soloviev, *Histoire de Russie*, VI, p. 238.

gage, qui n'était malheureusement que trop conforme à la vérité : la suzeraineté des papes sur la Livonie, dont ils avaient confié la conquête aux Chevaliers Porte-glaives, était depuis longtemps passée à l'état de légende ; la faiblesse intérieure du pays, le désarroi des partis qui le divisaient, n'étaient plus un mystère pour ses voisins ; ils convoitaient du regard cette proie facile, et lui rappelaient tour à tour par de sanglantes incursions que son avenir était gravement compromis. Fatigué de ces luttes incessantes, le grand-maître de l'ordre Kettler céda la Livonie, en 1561, à Sigismond-Auguste, roi de Pologne, se réservant en fief la Courlande et la Samogitie. Ce fut le signal de nouveaux malheurs et de graves complications : le pays était déjà en partie occupé par les Russes, l'Esthonie reconnut le protectorat du roi de Suède, l'évêché d'Oesel se déclara pour le roi de Danemark, désormais la guerre seule pouvait résoudre l'étrange problème d'une province qui se livrait d'elle-même au pillage. Le roi de Pologne et le tsar de Moscou étaient les deux plus puissants compétiteurs, aussi étaient-ils constamment armés l'un contre l'autre et résolus de ne céder qu'à la dernière extrémité. En montant sur le trône, de concert avec la diète, Bathory avait juré de conquérir la Livonie ; c'était le cadeau de noce qu'il voulait faire à la Pologne, sa fiancée, il y mettait toute la fougue impétueuse des premières amours.

Dans l'état actuel des choses, une seule circonstance donnait quelque espoir de succès. Nous avons déjà dit plus haut qu'au plus fort de la guerre entre Ivan et Bathory, la Suède avait reparu en Livonie ; les forteresses conquises par le brave de la Gardie devenaient ainsi une espèce de terrain neutre, dont, au besoin, le traité à conclure ferait abstraction, ce qui n'aurait pas lésé les droits de Jean III et laissé toute latitude à Bathory et à Ivan de faire des projets pour l'avenir (1).

(1) Avant de négocier avec Bathory, Ivan avait décidé dans son conseil de faire la paix avec les Polonais pour tourner les armes contre les Suédois. Soloviev, *Histoire de Russie*, VI, p. 386.

Cette base d'opération s'imposait, du reste, d'elle-même. Dès les premières séances, il fallut se convaincre que la Suède devait être entièrement écartée : elle n'était pas représentée directement et les Polonais ne plaidaient sa cause que pour avoir une concession de plus à faire aux Moscovites, qui s'attachaient à l'exclure avec une naïve obstination. Dès lors, il n'y avait plus à penser qu'à la réconciliation des deux grands rivaux. Cependant, même dans cette hypothèse, il y avait encore beaucoup de difficultés à vaincre, dont nous indiquerons les plus saillantes pour donner une idée de la marche des négociations sans fatiguer le lecteur par des détails sans importance.

Le 15 décembre, après bien des combinaisons proposées et rejetées de part et d'autre, les Polonais déclarèrent ne pas pouvoir rester au-delà de trois ou quatre jours, à quoi les Moscovites répondirent par des réflexions morales sur la nécessité d'épargner le sang chrétien, sur la terrible responsabilité qu'encourait Bathory et par des aphorismes sur l'orgueil et le manque d'équité. Possevino n'eut pas de peine à s'apercevoir d'où venaient ces difficultés : on craignait de trop s'avancer et, partant, on ne s'avançait pas assez pour se tendre la main. Afin d'amener un rapprochement, il adjura les ambassadeurs, par le sang de Jésus-Christ et au nom du pape, de suspendre les séances et d'examiner à fond leurs instructions; peut-être y trouveraient-ils des lumières inattendues. Il fallut naturellement se donner du mal pour les chercher. Toute la nuit se passa en colloques avec les Russes, d'autant plus fatigants que Possevino devait toujours se servir d'un interprète ; quelques nouvelles confidences, avec autorisation de les révéler à Zamoyski, en furent le résultat. Un courrier les porta aussitôt au camp de Pskov et le jésuite ne put s'empêcher de faire cette réflexion, que l'étendue des pouvoirs était des deux côtés en raison inverse de leur forme : le laconisme d'Ivan valait mieux que les longues formules de Bathory, dont les ambassadeurs recouraient à chaque instant à Zamoyski, sans vouloir prendre eux-mêmes aucune initiative.

Les événements parlaient aussi et parlaient un langage qui se faisait comprendre mieux que tout autre : les Suédois poursuivaient leur marche victorieuse ; autour de Novgorod se groupaient les renforts qui arrivaient aux Russes ; la discorde régnait parmi les Polonais, toujours aux prises avec les mêmes difficultés, si ce n'est qu'elles allaient croissant de jour en jour. Il importait par conséquent d'en finir une bonne fois avec ces incertitudes : le 18 décembre, en réponse aux dépêches des commissaires et de Possevino, Zolkiewski est expédié à Iam Zapolski avec trois séries de conditions verbales, il n'y avait qu'à choisir les plus facilement admissibles. Deux jours après, Possevino demande qu'on mette au moins ces conditions par écrit et qu'on autorise les commissaires à les prendre pour base par un acte dûment signé et scellé. Le lendemain, ce sont les commissaires eux-mêmes qui expriment un désir analogue ; ce n'était de leur part que prudence, car ils prévoyaient le compte rigoureux à rendre un jour à une diète intraitable en pareille matière ; ils y ajoutèrent, en outre, une pointe de malice : les dernières concessions devaient être consignées dans des instructions secrètes, qui ne seraient communiquées à Possevino que dans le cas d'une absolue nécessité.

Avec cette méfiance systématique et cette manière de marchander, une à une, les forteresses et les villes à céder ou à échanger, Zamoyski se vit obligé, le 23 décembre, d'exhiber de nouvelles propositions. C'était encore une triple série de conditions, mais arrangées, cette fois, en guise de triple rempart autour d'une forteresse : les commissaires devaient défendre à outrance chaque rempart, mais ils pouvaient aussi les céder tous, s'il n'y avait pas moyen d'obtenir la paix autrement. Quoi d'étonnant, si, en présence de ces complications, Possevino lui-même commençait à désespérer, à parler de son départ pour Moscou avec les ambassadeurs d'Ivan, tandis que Zamoyski, tout en exploitant l'habileté du jésuite, s'étonnait de le voir plus occupé de politique que de contemplation, se plaignait de son ardeur et même de son ambition et craignait parfois qu'il ne trahît les intérêts de la Pologne (1)? Cependant, à force de faire différentes hypothèses, de traiter séparément avec les deux parties, de leur arracher leur secret, on parvint à s'entendre sur les cessions territoriales. En somme, la Livonie passait à Bathory, qui retenait également Polotsk et Velitch et ne rendait à Ivan que Viéliki-louki, Zavolotch et les forteresses du rayon de Pskov (2).

Les difficultés recommencèrent lorsqu'on voulut formuler l'arrangement. Les Polonais tenaient à mentionner que *toute* la Livonie échappait aux mains du tsar, les Moscovites répondaient ne pas pouvoir céder les conquêtes des Suédois. C'était là précisément le terrain neutre, dont nous avons parlé plus haut et que chacun des deux rivaux se réservait pour l'avenir. Un moyen terme fut cependant trouvé : la Livonie ne serait pas nommée du

(1) Kojalovitch, *Journal*, p. 425, 442 et suiv.
(2) Voir l'Appendice, n° XII.

tout, on énumererait simplement les forteresses cédées par le tsar au roi de Pologne. Nouvelles difficultés : les Suédois étaient en train de faire des conquêtes en Livonie et on discuta longtemps pour savoir quelles étaient les forteresses qu'ils avaient déjà prises. Une fois entrés dans la voie des concessions, les Moscovites voulurent aussi céder la Courlande avec Riga, qui avaient déjà leurs maîtres et qui n'étaient nullement en question. Cette étrange générosité avait pour base un calcul plus étrange encore : la cession officielle d'une province pouvait, avec le temps, fournir l'occasion d'affirmer qu'on avait sur elle un droit incontestable. Les Polonais ne s'y laissèrent pas prendre ; Possevino fut le premier à écarter cette prétention qui n'avait par elle-même aucune consistance. Le débat fut bien plus vif et plus animé, lorsqu'on demanda la cession des droits que les Moscovites se flattaient d'avoir sur les forteresses qu'ils cédaient de fait ; il n'y eut qu'un seul moyen de vaincre leur obstination : les Polonais firent une déclaration solennelle de leurs propres droits en protestant que jamais leurs différends avec les Suédois au sujet de la Livonie ne pourraient donner à Moscou le prétexte d'une guerre.

Ces détails donnent une idée des obstacles qui s'opposaient à la pacification. Pour Possevino, qui la désirait dans un but supérieur, c'était un tourment inexprimable de la voir chaque jour sur le point d'être compromise par des prétentions arrogantes ou des futilités. Cette torture recommença de plus belle lorsque la question des titres parut à l'horizon.

Dans la nuit du 1er janvier 1582, les Russes communiquèrent à Possevino un des plus ardents désirs de leur maître ; la reddition des forteresses ne compterait pour rien si, de ce côté, on obtenait satisfaction. Ivan aspirait à être nommé dans le traité et, par suite, reconnu en Occident tsar de Kazan et d'Astrakhan; il tenait aussi à conserver ne fût-ce que le titre de la Livonie. Cette prétention avait sa raison d'être : d'un ton grave et solennel, les Moscovites déclarèrent que les deux empereurs

Arcadius et Honorius avaient jadis conféré au grand duc Vladimir le titre impérial, que les papes eux-mêmes l'avaient reconnu par l'entremise de l'évêque Cyprien et qu'Ivan n'entendait pas se dessaisir de ce précieux héritage. Possevino ne put s'empêcher d'observer que les fils de Théodose avaient vécu à peu près cinq cents ans avant Vladimir. Difficulté trop futile pour embarrasser nos intrépides diplomates ; ils affirmèrent pertinemment que deux autres empereurs du même nom avaient existé au dixième siècle ; à les entendre, on eût dit qu'ils avaient en poche des documents authentiques et irréfutables. Autant valait donc ne pas aborder le terrain de l'histoire ; un dilemme d'un autre genre leur fut proposé : ou le titre convoité par Ivan était l'équivalent de celui de César, et, dans ce cas, il appartenait déjà à la maison d'Autriche ; ou bien il correspondait à quelque titre tartare, et il ne convenait pas de faire des emprunts de ce genre à des infidèles. Quant à la Livonie, l'argumentation était encore plus élémentaire : si l'on cède à quelqu'un son vêtement, ce ne serait plus qu'une singulière illusion de s'appeler le maître du vêtement ; or Ivan étant dans le cas de céder la Livonie, dès lors, pourquoi s'attacher à de trompeuses apparences ? En même temps, Possevino profita de l'occasion pour inculquer aux Moscovites que la source des honneurs était à Rome ; le pape se laisse appeler par les autres Souverain Pontife, lui-même se dit humblement serviteur des serviteurs de Dieu, mais c'est à lui qu'il faut s'adresser si l'on veut prendre place parmi les têtes couronnées de l'Europe.

Fort peu persuadés par ces discours, les Moscovites reproduisirent officiellement leur *postulatum* dans la séance du 7 janvier. Grande indignation des Polonais : jamais les fiers enfants de la République ne s'inclineraient devant un César moscovite, jamais ils ne l'acclameraient tsar de Kazan et d'Astrakhan; de bons chrétiens ne pouvaient se souiller les lèvres avec cette nomenclature musulmane. Les anciennes traditions furent évoquées : les Moscovites affirmaient hardiment que Sigismond-Auguste, prédécesseur de Bathory, avait donné à Ivan le titre de tsar ; c'était consigné dans des chartes officielles qu'ils avaient, par distraction, oubliées à Moscou. Mal leur en prit, cette fois, de leur témérité : Haraburda exhiba toute une série de traités entre la Pologne et Moscou, où il n'y avait rien absolument de semblable. Le lendemain, 8 janvier, nouvelle et vive discussion sur le même sujet. Possevino, mis en demeure de se prononcer, offrit aux Moscovites une triple solution : ou bien on appellerait Ivan souverain de Kazan et d'Astrakhan — c'était beaucoup trop peu ; ou bien, on réserverait les droits d'Ivan, sans mentionner de titres — les Moscovites avouèrent que ces réserves étaient inconnues au Kremlin ; ou bien, en dernier lieu, on lui confierait à lui, Possevino, le soin de traiter cette affaire avec le pape et Bathory, et il ferait tout ce qu'un bon chrétien doit faire en pareille occurrence — espoir trop éloigné pour satisfaire des convoitises pressantes. Il fallut cependant se résigner à un sacrifice ; en fait de titres, les Moscovites n'en obtinrent aucun pour leur maître, pas même celui de prince de Smolensk, qu'ils demandaient à tout hasard. C'est justice de reconnaître qu'ils s'exécutèrent de bonne grâce, d'autant plus qu'on leur laissa une certaine latitude dans la rédaction des titres de leur propre exemplaire.

Ainsi s'aplanirent, après maintes péripéties, les deux principales difficultés; les autres disparaissaient aussi peu à peu. On ne parvint pas à s'accorder sur l'échange des prisonniers; les Polonais en avaient un très grand nombre et voulaient s'en prévaloir; les Russes, qui en avaient beaucoup moins, répétaient sans cesse qu'il ne fallait pas trafiquer avec le sang des chrétiens. Cette question fut réservée pour plus tard.

Par contre, Possevino se montra dans une autre circonstance excessivement généreux. Les Moscovites demandaient avec instance d'emmener leurs popes et d'emporter les objets de leur culte. Les Polonais, comme d'habitude, tergiversaient et se montraient très raides, mais Possevino accorda tout, largement, trop heureux de se débarrasser ainsi du schisme, de ses représentants et de son matériel.

La trêve fut conclue pour dix ans. Il ne restait plus qu'à signer la charte de pacification rédigée avec tant de labeur et de peine, lorsqu'une dernière difficulté vint se présenter. Les Moscovites désiraient que Possevino fût du nombre des signataires, mais celui-ci avait de bonnes raisons pour s'y refuser : le pape avait sur la Livonie certaines prétentions de suzeraineté que le représentant pontifical ne voulait pas compromettre par une signature.

Enfin, lorsque tout fut bien et dûment arrêté, les chartes signées et contresignées, les représentants des deux parties contractantes prêtèrent, le 15 janvier 1582, le serment d'usage. A la grande joie de Possevino, qui s'empressa de le faire savoir aussitôt à Bathory, Michel Haraburda, quoique orthodoxe et invité par les Moscovites à baiser leur croix, préféra baiser la croix catholique. C'est ainsi que, toujours fidèle à lui-même, Possevino menait de front les plus graves affaires et les moindres détails.

La nouvelle de la conclusion de la trêve fut reçue partout avec enthousiasme. Au camp de Pskov, un *Te Deum* solennel fut chanté en action de grâces par les braves guerriers qui avaient plutôt à lutter contre les rigueurs de l'hiver et le manque de munitions qu'à combattre contre l'ennemi. Zamoyski, naguère encore si plein d'appréhensions à l'endroit de Possevino, lui écrit une lettre de remerciements, où débordent les éloges et surtout les assurances de zèle pour la foi : on dirait qu'après avoir répandu tant de sang en pays ennemi, le chancelier ne répandra plus en Livonie que de l'eau bénite. Les ambassadeurs moscovites étaient aussi satisfaits et ne s'en cachaient pas devant Possevino (1).

Il ne pouvait, du reste, en être autrement. Les rivaux pacifiés étaient prêts, l'un à l'insu de l'autre, à des sacrifices encore plus pénibles, tant on était fatigué de la guerre. Le délégué pontifical n'avait

(1) Tous les détails mentionnés ici se trouvent dans les *Acta* et dans le *Journal*. Les dates rendent inutiles les renvois aux pages.

fait que modérer sagement les convoitises et les réduire à leur juste mesure, en tenant compte de toutes les prétentions légitimes. Dans le premier moment de transport, Moscovites et Polonais l'avouaient spontanément.

Possevino ne tarda pas à annoncer le grand événement au cardinal de Côme. Au-dessus des détails politiques, plane le fait de l'arbitrage pontifical, constamment invoqué des deux côtés : c'était un triomphe providentiel qui pouvait avoir dans l'avenir d'heureuses conséquences.

Mais le jésuite ne se berçait pas d'illusions. Il était convenu avec Ivan qu'il reviendrait à Moscou après la conclusion de la trêve; ce voyage lui souriait à cause des discussions religieuses qui devaient avoir lieu à cette occasion; il ne se flattait guère de convaincre le tsar et se préparait à de graves épreuves (1).

(1) Voir l'Appendice, nº XIII.

IV

CHAPITRE IV.

POSSEVINO A MOSCOU.

Moscou vers la fin du XVIe siècle. — La cour en deuil. — Mort du fils aîné d'Ivan. — Entrevue de Possevino avec le P. Drenocki. — Audience du 16 février. — Triple but de Possevino. — Controverses au sujet de la trêve. — Affaire des prisonniers. — Projet de ligue anti-musulmane. — Rapports de Moscou avec les Latins. — Propagande catholique sous Vasili III. — Sentence d'Ivan IV. — Son point de vue religieux et ses lubies théologiques. — Ses discussions avec Rokita en 1570. — Sa lettre aux moines de Bélozersk. — Discussion avec Possevino fixée au 21 février.

Vers la fin du XVIe siècle, Moscou, déjà depuis longtemps la cité sainte, n'était pas encore la *cité aux pierres blanches*. L'impression qu'elle faisait sur l'étranger était celle d'un énorme village, au fond duquel se cachait une petite ville. Les maisons des boïars étaient entourées de vastes jardins potagers, ce qui rendait les rues aussi longues que désertes ; dans le quartier des marchands, les boutiques étaient entassées l'une sur l'autre et leur chétive apparence contrastait singulièrement avec la richesse des produits asiatiques qu'elles contenaient ; une splendeur relative et quelques rares édifices en pierre ne se trouvaient guère que dans l'enceinte du Kremlin : c'était le sanctuaire de Moscou, sa forteresse, la demeure du tsar et de quelques élus. Le palais, l'arsenal, les églises avec leurs multiples dépendances étaient entourés d'un mur et pouvaient, au besoin, opposer une vigoureuse résistance aux incursions des Tartares.

Possevino arriva dans la capitale le 14 février 1582 (1). Il trouva la cour en deuil et le tsar dans la plus profonde tristesse. Un événement, dont personne ne prévoyait encore toutes les funestes conséquences, préoccupait vivement les esprits : le fils

(1) *Mon. des rel. dipl.*, X, col. 259.

aîné d'Ivan, le seul capable de succéder à son père, n'était plus. Des versions discordantes circulaient sur les circonstances de sa mort. Possevino nous a conservé le récit qui va suivre, et qui est dû à son interprète Basile, présent à la Sloboda au moment de la catastrophe.

Jeune encore, l'héritier présomptif du trône en était déjà à sa troisième femme. Les deux premières, pour avoir encouru la disgrâce du tsar, avaient été reléguées sans pitié dans des couvents. La compagne actuelle du jeune Ivan, Hélène Chérémétev, avait l'espoir de devenir mère et se reposait toute seule, sur un banc, au fond du gynécée, lorsque le tsar terrible paraît tout à coup. C'était le 14 novembre : du premier coup d'œil il s'aperçoit que sa belle-fille ne porte pas tous les vêtements d'usage, qu'elle n'a qu'une robe quelconque sur les épaules, et, dans un accès de colère, il lui applique d'abord un soufflet et puis la frappe violemment avec sa canne à pointe de fer. La nuit suivante, des couches prématurées et malheureuses furent la conséquence de cet acte de sauvagerie. Cependant le fils du tsar étant intervenu, l'indignation lui arrache de vifs reproches envers son père ; celui-ci n'écoutant que sa fureur, lui assène un si rude coup de canne près de la tempe, que, cinq jours après, le 19 novembre 1581, le jeune Ivan expire entre les bras de son meurtrier, dont le tardif repentir ne peut réparer la faute. Le tsar la ressentait profondément, il envoyait de grosses aumônes dans les couvents et songeait à abdiquer le pouvoir pour embrasser la vie monastique ; mais ce n'était là qu'une velléité dont les boïars se méfiaient avec raison. En effet, après les premiers épanchements de la douleur, les choses ne tardèrent pas à reprendre au Kremlin leur cours ordinaire (1).

Le premier soin de Possevino, à son arrivée, fut de se renseigner auprès du P. Drenocki qu'il avait laissé en Moscovie. Son séjour prolongé parmi les Russes n'avait pas eu le résultat auquel on s'attendait. Loin de pouvoir se mettre en rapport avec les

(1) Voir l'Appendice, n° XIV.

habitants du pays, propager des idées et faire des observations, il avait été tenu dans le plus complet isolement ; à peine les pristavs osaient-ils échanger quelques paroles avec lui. Ivan l'avait tout simplement gardé à titre d'otage et avait pris des mesures en conséquence. Envers Possevino, on avait plus d'égards ; la nature des affaires à traiter le mettait souvent en contact avec le tsar et les boïars ; cependant on n'en cherchait pas moins à le rendre inaccessible, même aux étrangers qui se trouvaient à Moscou.

Dès le 16 février, il eût une audience du tsar, après quoi il fut invité à dîner au Kremlin. Le lendemain, une longue note lui fut remise sur la guerre avec la Pologne ou, comme on disait alors à Moscou, avec la Lithuanie, car, malgré la fusion de 1569, on aimait à considérer séparément les deux pays. A son tour, Possevino présenta, le 18 février, un mémoire en seize points, auquel on fit réponse trois jours après (1).

(1) *Mon. des rel. dipl.*, X, col. 267.

Dans cette seconde apparition à la cour d'Ivan, le nonce pontifical avait un triple but à atteindre : s'expliquer sur la trêve conclue récemment ; ébaucher l'alliance anti-ottomane ; enfin, — et c'était le principal aux yeux de Rome — évoquer d'une manière quelconque la question religieuse et préparer de loin l'union de Moscou avec le Saint-Siège. Ces trois questions étaient hérissées de difficultés, que Possevino savait apprécier mieux que tout autre. Quant aux affaires de Suède, il suffisait de les mentionner pour qu'elles fussent écartées.

Et d'abord l'exécution de la trêve donnait lieu à des controverses inévitables. Le nonce était encore en route que déjà une lettre de Zamoyski l'attendait à Moscou ; elle était pleine de reproches contre les Russes, à l'occasion de l'échange des forteresses, qui ne se faisait ni à l'époque convenue, ni dans les conditions concertées. Aux plaintes de Zamoyski sur les faits d'Ostrov, Ivan répondit par des plaintes du même genre sur des faits analogues arrivés à Smolensk ; les Polonais avaient été lésés dans le premier cas, les Russes dans le second. Fidèle à son rôle conciliateur, Possevino donna aux deux parties des explications et des conseils; il obtint des ordres sévères pour l'observation des clauses du traité; le tsar envoya même un commissaire spécial sur les lieux pour prévenir les malentendus. Zamoyski fut mis en demeure d'imiter son exemple, et tout danger de rupture fut ainsi éloigné.

Restait encore l'affaire des prisonniers, qu'on avait mise à dessein hors de cause durant les négociations de Kivérova Gora, tellement elle était épineuse. En voici la substance. Les Polonais, presque toujours victorieux, avaient fait bon nombre de prisonniers; les Russes en avaient naturellement beaucoup moins. Ivan avait l'air de ne pas s'en douter et demandait l'échange de tous contre tous. Cette prétention était trop exagérée pour que Bathory pût y consentir; il n'en désirait pas moins une solution équitable de la difficulté. Possevino essaya d'un appel aux sentiments chevaleresques: il conseilla au tsar de mettre spontanément tous les prisonniers en liberté ; le fier Bathory ne se laisserait pas vaincre en générosité, et les Moscovites y trouveraient leur compte. Mais cet ordre d'idées était trop en dehors de l'horizon habituel d'Ivan; ses calculs s'étayaient sur des données plus positives, et l'affaire dut de nouveau être remise à une autre époque. Cependant il consentit à délivrer une trentaine de marchands lithuaniens que la guerre avait surpris en pays ennemi, le courrier Proworski, porteur de la lettre outrageante de Bathory et quatorze prisonniers italiens et espagnols, qui s'étaient échappés des mains des Turcs pour retomber à Moscou dans un esclavage aussi dur que le précédent (1).

Si ce résultat n'était pas brillant, on pouvait à juste titre se flatter de mieux réussir à l'endroit de la ligue contre les infidèles. Ivan n'avait-il pas fait montre de son ardeur belliqueuse dans maintes cours de l'Occident ? n'avait-il pas offert son concours actif à l'empereur Rodolphe, au doge de Venise, au Pape

(1) *Possevini Missio Moscovitica*, p. 51.

lui-même ? n'était-il pas de son propre intérêt d'en finir une bonne fois avec les incursions désastreuses des Tartares de Crimée et de renverser le drapeau du Prophète, fièrement planté sur les rives du Bosphore ? Mais c'est ici que parut dans tout son jour la politique à double face d'Ivan. Avec la conclusion de la trêve, son zèle s'était éteint et ses projets de croisade s'étaient dissipés en fumée.

Aussi, à la première ouverture sur l'alliance des princes chrétiens contre l'ennemi commun, les boïars s'empressèrent-ils de répondre qu'on venait de conclure une trêve avec le khan de Crimée ; Bathory les avait réduits à cette extrémité, en décimant leurs troupes, et c'était à lui qu'il fallait s'en prendre. Le tsar voulait bien que la Pologne attaquât les Tartares, mais il se refusait absolument à marcher contre ces derniers pour les mettre ainsi entre deux feux ; il fallait auparavant prendre connaissance des conditions de la trêve, on aviserait ensuite. Quant aux Turcs, Ivan se flattait d'avoir fait les premiers pas et ébranlé toute l'Europe ; c'était au pontife maintenant de se concerter avec la France, l'Espagne et la République de Venise, voire avec l'Angleterre, le Danemark et la Suède, de combiner les mesures, de poser les conditions de l'alliance. Les ambassadeurs de ces différents États viendraient ensuite à Moscou, et le tsar prendrait de concert avec eux un parti définitif. Ivan croyait faire ainsi de la grande politique et sauvegarder ses intérêts, tout en dissimulant ses fins secrètes.

En effet, si les souverains occidentaux ne parvenaient pas à s'entendre, il reprenait sa complète liberté d'action ; dans l'hypothèse de l'accord, il se verrait entouré d'une pléïade d'ambassadeurs étrangers, son prestige y gagnerait un nouveau lustre, et l'un des plus beaux rêves de sa vie serait réalisé.

Cependant ici encore le tsar ne se départit pas de sa prudence habituelle : le refus assez faiblement motivé de prendre les armes contre les Turcs fut tempéré de manière à conserver de bons rapports avec l'Occident, dont Moscou sentait de plus en plus le besoin. Ainsi, Ivan consentit volontiers, sur le désir de Possevino, à envoyer un nouvel ambassadeur à Rome, qui, cette fois, ne serait plus un simple courrier, mais un fonctionnaire d'un rang plus élevé ; il fit préparer des réponses aux lettres de l'empereur Rodolphe et à celles des archiducs Maximilien et Ernest ; la promesse de délivrer des saufconduits aux envoyés du pape, aux marchands vénitiens et à leurs prêtres, fut confirmée par une charte et accompagnée des meilleures assurances, pourvu qu'on ne fît pas de propagande religieuse et qu'on ne songeât pas à bâtir des églises. Possevino eut beaucoup moins de succès sur un autre point qui lui tenait excessivement à cœur : il proposa au tsar d'envoyer quelques jeunes Russes à Rome pour y être élevés dans les principes de l'ancienne foi grecque, comme il s'exprimait, et pour remplacer dans la suite les interprètes, qui tantôt ne savaient pas, tantôt n'osaient pas s'acquitter exactement de leurs fonctions. Le tsar répondit avec une parfaite bonhomie qu'il ferait chercher des enfants capables d'être appliqués à ce genre d'études et que, sitôt trouvés, il les enverrait à Rome : une offre déplaisante ne pouvait être déclinée d'une manière plus aimable (1).

De front avec la trêve et la ligue anti-musulmane marchait la question religieuse que le nonce du pape ne perdait jamais de vue. Les instructions du cardinal de Côme lui en faisaient un devoir; lui-même ne désirait rien tant qu'une bonne et franche explication sur cette matière délicate ; Ivàn la lui avait promise à Staritsa pour après la conclusion de la trêve. C'était le moment ou jamais d'aborder la controverse, de voir si entre Grecs et Latins il n'y a pas quelques points de contact, quelque espoir de conciliation.

On aurait tort de croire, comme le font quelques-uns, qu'au XVIe siècle, les Latins fussent complètement inconnus à Moscou. Sans remonter jusqu'aux anciennes annales russes, qui contiennent des sorties virulentes contre tout ce qui touche au lati-

(1) *Mon. des rel. dipl.*, X, col. 288.

nisme ; sans parler des ouvrages polémiques d'origine byzantine depuis le XIe siècle jusqu'au XVe, ni de la controverse provoquée par le Concile de Florence, nous rappellerons seulement qu'il avait été beaucoup question des Latins sous le règne de Vasili III, père d'Ivan le Terrible.

A cette époque, il y avait à Moscou un médecin étranger, attaché au service personnel du prince, dont il possédait l'entière confiance, et qui, non content d'être zélé catholique lui-même, tâchait encore de gagner des prosélytes à sa foi. Fortement épris de l'idée grandiose de la réunion des églises, Nicolas Boulev ou Lüev, surnommé Nemtchine (allemand), faisait circuler parmi les orthodoxes des écrits catholiques et, laissant parfois la lancette pour la plume, il écrivait lui-même de doctes épîtres soit à ses amis, soit à ses adversaires. Sa propagande ne resta pas sans succès : les monuments contemporains attestent que le boïar Théodore Karpov, un hégoumène, dont le nom est resté inconnu, et quelques autres personnes entrèrent dans le nouveau courant d'idées. Les orthodoxes s'en émurent et prirent la plume à leur tour : on vit paraître des réfutations dirigées contre Boulev et composées par Maxime le Grec, moine célèbre du Mont-Athos, appelé à Moscou pour la correction des livres sacrés, par Philothée, moine de Pskov, enfin par un auteur anonyme (1). Nous ignorons les détails ultérieurs, mais le fait même de cette propagande avortée est hors de doute.

Il est également impossible de déterminer jusqu'à quel point Ivan en eut connaissance et sous quel jour l'incident lui fut présenté. Ce qu'il n'ignorait pas, c'étaient les relations des papes Léon X, Adrien VI, Clément VII avec son père Vasili ; les brefs pontificaux avaient été soit envoyés à Moscou, soit portés par le gênois Centurione, en quête d'une nouvelle route pour les Indes, et plus tard, par l'évêque franciscain de Scara, chargé de négocier une trêve entre le roi de Pologne et le tsar. Ces pièces avaient passé sous les yeux d'Ivan ; un jour

(1) Voir l'Appendice, n° XV.

il montra à Tedaldi, marchand florentin, auquel il faisait parfois des confidences, la lettre où Clément VII demandait à Vasili le libre passage par la Moscovie pour les marchands italiens qui vont en Perse. Mon père, ajouta le tsar, n'a pas voulu le permettre à cause des soupçons que l'on a contre les étrangers ; quant à moi, je n'aurais pas fait de difficultés (1).

Mais les rapports extérieurs avec les papes entraient dans un autre ordre d'idées, c'était déjà de la politique. Ivan savait en faire abstraction et se mettre au point de vue purement religieux; ses idées étaient bien arrêtées sur ces matières; il était même pieux à sa façon et se laissait dominer par des lubies théologiques. Pour calmer les remords qui venaient parfois, comme des furies, lui arracher des cris de désespoir et le mettre dans un état violent d'agitation, il recourait à de vaines pratiques extérieures. Rendu à lui-même, il se livrait

(1) P. Pierling, *Un Nonce du Pape en Moscovie*, p. 177.

à la lecture, conversait avec les moines et les évêques : aussi n'était-il pas dénué de notions, assez vagues cependant et incohérentes, sur divers points de religion et d'histoire, et savait-il citer, si ce n'est à propos, du moins avec profusion, les textes de l'Écriture. Doué de cette espèce d'intelligence plutôt astucieuse que fine, propre au barbare, il aimait à faire étalage de sa science et de son érudition surtout en matière ecclésiastique. Déjà, en 1570, une discussion publique ou plutôt une série de violentes invectives lancées contre le ministre des Frères bohêmes, Rokita, amené à Moscou par les ambassadeurs lithuaniens, lui avait valu, sinon la réalité, du moins l'apparence d'une brillante victoire. Ivan l'avait déclaré avant-coureur de l'Antechrist et lui avait défendu de prêcher en Russie sous peine de mort (1). Mais rien, à cet égard, ne dessine mieux la physionomie d'Ivan qu'une de ses épîtres, adressée vers l'an 1574 aux moines de saint Cyrille de Bélozersk. Ces derniers

(1) P. Pierling, *Rome et Moscou*, p. 145.

étaient menacés de tomber en disgrâce : le boïar Ivan Chérémétev s'était fait recevoir chez eux, vivait en prince parmi les cénobites qu'il invitait souvent à sa table, et inspirait des craintes à Ivan, qui soupçonnait partout des conspirateurs et des conspirations. Après un premier avertissement, les moines crurent bon d'envoyer au tsar une supplique en faveur de Chérémétev ; la supplique se terminait, selon l'usage, par l'humble prière de leur donner des avis salutaires pour mieux observer les vœux monastiques et les règles. C'était aller au-devant des désirs du tsar : il sentait bien que ce n'était pas à lui « chien puant », comme il s'appelle dans cette lettre, de guider les autres dans les voies spirituelles, mais l'aveu de son indignité n'était qu'une simple entrée en matière, malgré la sincérité presque cynique des termes : « Car, dit-il, je suis toujours moi-même dans l'ivrognerie, et dans la fornication, et dans l'adultère, dans la turpitude, dans le meurtre, dans la rapine, dans la rapacité, dans la haine, dans toutes sortes de scélératesses.... Mais comme je vois qu'à cause de mes péchés vous me faites violence, je m'en vais vous adresser quelques mots, tout insensé que je suis. » Aussitôt après le tsar change complètement de ton ; un Père de l'Église, un ascète du désert n'aurait été ni plus éloquent, ni plus austère. Pour éloigner toute arrière-pensée, il affirme sous la foi du serment que ses paroles sont dictées par le zèle des âmes et non par la rancune contre Chérémétev ou quelqu'autre moine, et il s'attache surtout à inculquer deux points : d'abord, la plus exacte observation de la règle de saint Cyrille, fondateur du monastère; il cite un long passage de saint Basile d'Amasie et le munit d'un commentaire; le moindre manquement à la règle, dit-il, est déjà une grande faute, le couvent deviendra un palais, le Christ sera crucifié, Anne, Caïphe et Pilate reparaîtront, les moines n'auront renoncé au monde que pour devenir plus mondains qu'auparavant. L'ironie renforce les arguments : si la règle de Chérémétev, qui fait bonne chère et boit des vins chauds, qui a des greniers et des caves pour ses provisions, est plus sainte que celle de saint Cyrille, adoptez la règle de

Chérémétev, s'écrie le tsar, vous l'invoquerez au jour du jugement dernier, lorsque les pauvres pêcheurs galiléens jugeront les rois de la terre. En second lieu, Ivan recommande aux moines la plus grande égalité ; l'apôtre a dit qu'il n'y a dans le Christ ni Scythe, ni Juif, ni Grec, ni barbare, et le tsar en conclut que la bure doit faire disparaître les inégalités sociales; l'esclave est égal au boïar sitôt qu'il a franchi le seuil du couvent. Ici encore reparaît le même refrain : ce *diable de Chérémétev* doit être traité comme les autres et dépouillé de ses privilèges (1). A travers ces mesquines préoccupations personnelles, dont l'âme haineuse d'Ivan ne pouvait se défaire, on voit cependant qu'il savait s'élever à la hauteur de l'idéal monastique : les grands horizons du christianisme ne lui étaient pas fermés, la beauté de la vertu l'éblouissait, mais il y avait une étrange confusion dans toutes ces idées, et la vie intime du tsar était en flagrante contradic-

(1) Barsoukov, *Famille des Chérémétev*, en russe, I, p. 327.

tion avec les beaux sentiments qu'il inculquait aux autres.

Il était à prévoir qu'une discussion dogmatique avec un homme de cette trempe ne serait pas facile, l'attitude même du tsar trahissait une arrière-pensée d'hostilité : bien que sa vanité dût être tentée par les nouveaux lauriers qu'il était sûr de moissonner dans l'opinion des boïars, il n'en essaya pas moins de se soustraire à la lutte : c'était surtout la crainte, disait-il, de blesser son adversaire et peut-être le pape lui-même, qui l'arrêtait ; l'insistance énergique de Possevino put seule triompher de ses répugnances, et le 21 février fut fixé pour la discussion du jésuite avec le tsar.

V

CHAPITRE V.

DISCUSSIONS THÉOLOGIQUES AU KREMLIN.

Mémoire présenté au tsar par les Anglais. — Contre-mémoire de Possevino. — Audience du 21 février. — L'union des Églises. — Vues sur l'Orient. — Byzance identifiée avec l'Éthiopie. — Ivan renonce aux conquêtes. — Primauté du pape. — Comparaison fatale. — Le pape outragé par Ivan. — La chaise gestatoire. — La croix sur *la botte* du pape. — La barbe pontificale. — Honneurs divins rendus au pape. — Audience du 23 février. — Appréhensions. — Excuses du tsar. — Pourparlers avec les boïars. — Ivan IV pendant le carême. Audience du 4 mars. — Le tsar propose à Possevino de visiter les églises. — Réponse du jésuite. — Version russe sur le même sujet. — Piége des boïars. — Possevino refuse d'entrer à l'église. — Il se rend au palais. — *Te Deum*. — Audience de congé. — Départ de Possevino pour Riga.

Malgré l'insistance qu'il mettait pour obtenir une discussion religieuse, Possevino ne devait guère s'attendre à un grand succès. En dehors des dispositions peu favorables du tsar, il y avait une circonstance extérieure de mauvais augure.

Les marchands anglais ne voyaient pas d'un bon œil la propagande catholique, aussi s'empressèrent-ils d'offrir secrètement au tsar un mémoire, où le pape était traité d'antechrist. A peine instruit de la chose, Possevino présenta, dans le cours de ses discussions, un contre-mémoire (1) ; mais le langage d'Ivan prouva assez que la hardiesse des hérétiques avait fait sur lui une fâcheuse impression, d'autant plus que le médecin anabaptiste du tsar s'exprimait dans le même sens.

Ce qui encourageait Possevino, c'était sa confiance dans le secours surnaturel. Docile instrument entre les mains de Dieu, il s'appliquait à deviner les vues, à prévenir les desseins de la Providence, toujours prêt à reculer à la première indication d'en haut.

(1) *Moscovia*, 1587, p. 193.

Au jour fixé, 21 février, la salle d'audience se remplit plus que jamais de monde. De nombreux boïars, sur le désir exprès d'Ivan, devaient être témoins de ce singulier spectacle (1).

Les deux adversaires entraient en lice, armé chacun d'un plan prémédité. Ivan prit le premier la parole pour dire qu'il n'entendait pas, à cinquante ans, trahir la foi de ses ancêtres, la foi de sa jeunesse, qui était la vraie, qu'il s'en remettait au jugement de Dieu sur les controverses avec les Latins. Il insista surtout sur sa crainte de se laisser entraîner à quelques paroles trop dures ; toutefois le désir du nonce pontifical lui semblait naturel et celui-ci fut invité à s'expliquer.

Possevino se voyait ainsi au comble de ses vœux ; en présence du tsar et des boïars, dans la capitale même du schisme, la vérité allait, pour un moment, reprendre tous ses droits. Pour rendre plus saisissable l'idée de l'union avec Rome, il mit en œuvre

(1) Voir l'Appendice, n° XVI.

un moyen assez original : l'Église grecque, disait le jésuite, l'Église grecque des Athanase, des Chrysostome, des Basile est liée à l'Église romaine par des liens indissolubles d'unité; partant, ce n'est pas avec l'antique et vénérable Byzance qu'il s'agirait de rompre, au contraire, le pape lui-même désire qu'on reste fidèle aux traditions primitives de l'Orient, aux Conciles des premiers siècles, il faudrait seulement renoncer aux abus postérieurs introduits par les Photius et les Michel Cérulaire. Abordant ensuite le côté politique de la question, il faisait voir dans l'unité religieuse la meilleure garantie de l'alliance contre les Turcs, le premier pas vers la création d'un empire chrétien d'Orient, dont le tsar pourrait être le chef. Le développement de ces idées offrait l'occasion de revenir sur le Concile de Florence, invoqué naguère spontanément par le tsar, sur les projets de croisade publiés avec éclat dans tout l'Occident, enfin sur le mirage fascinateur des titres royaux. Possevino y prodigua tout son zèle et toute son habileté.

La réponse d'Ivan dut le surprendre. Le tsar se garda bien de suivre son adversaire sur le vrai terrain de la lutte ; il passa sous silence ce qui pouvait l'embarrasser et déclara hardiment que sa religion n'était pas celle des Grecs, mais celle du Christ et qu'il se souciait fort peu de Byzance. La repartie ne manquait ni d'à propos, ni d'originalité ; pour son malheur, Ivan voulut encore faire de l'érudition, remonter jusqu'aux premières origines de l'hellénisme. La religion grecque s'appelle ainsi, dit-il avec l'assurance qui le caractérisait, parce que le prophète David a prédit bien avant la naissance de Jésus-Christ, que l'Éthiopie aurait les prémices des divines miséricordes (1) ; or l'Éthiopie est identique avec Byzance, et Byzance a été le premier royaume chrétien, c'est pour cela que la religion chrétienne s'appelle religion grecque ; quant à nous, nous professons la vraie religion chrétienne, qui en beaucoup de points ne s'accorde pas avec la religion romaine.

(1) «Venient legati ex Aegypto, Aethiopia præveniet manus ejus Deo. » Psaume LXVII, 32.

Cette étrange logique prouve assez que le tsar avait compris la portée de l'argument et qu'il voulait absolument lui échapper, fût-ce même au prix d'une inconséquence, doublée d'une distraction géographique. Même sincérité à l'égard des conquêtes, que l'on avait eu soin de faire miroiter devant ses yeux: le vainqueur de Kazan et d'Astrakhan, qui toujours convoitera la Livonie et bientôt franchira l'Oural, avoue modestement qu'il ne songe pas à arrondir ses frontières dont l'étendue plus ou moins grande ne relève que de Dieu. Une page de l'histoire moscovite est alors esquissée rapidement : l'apostolat légendaire de l'apôtre saint André à Kiév et le baptême du grand-prince Vladimir sont les deux faits qui résument les grandeurs de l'Église russe et qui suffisent amplement pour légitimer tout le reste. A travers quelques textes cités de part et d'autre, on en vint bientôt, comme par un secret instinct, à la question de la primauté du Pape, point culminant des controverses entre l'Orient et l'Occident. Ivan reconnut volontiers — et il est absolument impossible de le révoquer en doute — que les Papes des premiers siècles sont vénérés comme saints par l'Église moscovite : il cita même avec une certaine complaisance les noms de Clément, Sylvestre, Agathon, Vigile, Léon, Grégoire. Quant à leurs successeurs, il les considérait comme déchus de leur dignité première, à cause de la conduite scandaleuse de plusieurs d'entre eux. Possevino n'eut pas de peine à réduire à néant cette objection d'origine évidemment protestante. Une comparaison venait ici à propos : il en est des papes comme des tsars, dit le jésuite ; les droits et les prérogatives de la dignité tsarienne sont toujours les mêmes, imprescriptibles et immuables, quelque indignes que puissent être les tsars qui en sont les possesseurs.

Le parallèle avait été provoqué par les besoins de la cause, toute allusion outrageante lui était étrangère ; mais il se prêtait à un coup de théâtre, et Ivan épiait l'occasion de frapper les esprits par un mot brusque et incisif. On voit donc son visage s'assombrir tout à coup ; se soulevant à moitié de son siège, fixant sur Possevino son regard sinistre, il lui jeta, comme un défi, ces paroles au visage : « Sache que le Pontife romain n'est pas un pasteur, mais un loup ».

« Pourquoi, » répondit le Père, « t'es-tu donc « adressé à un loup ? pourquoi as-tu demandé l'in- « tervention de celui que toi-même, que tes prédé- « cesseurs ont toujours honoré du nom de pas- « teur (1) ? »

A ces mots, Ivan se lève, agite en fureur sa canne si souvent meurtrière ; déjà l'on s'attend à voir une nouvelle victime tomber à ses pieds, lorsqu'au milieu d'un silence solennel il s'écrie : « C'est sans « doute sur la place publique que des paysans t'ont « appris à me parler, comme si j'étais moi-même « un paysan. »

Possevino n'avait pas perdu contenance ; maître de lui-même, c'était à lui d'apaiser le tsar, et il le fit si habilement que tout l'entourage en fut émerveillé et que la discussion put reprendre son cours.

(1) Dans la *Moscovia* le terme outrageant de loup a été omis, il se retrouve dans les autographes de Possevino.

Convaincu d'avoir triomphé, Ivan croyait n'avoir plus qu'à donner le coup de grâce à son adversaire. Quatre objections, l'une plus naïve que l'autre, devaient servir à cet effet. Le royal polémiste connaissait à merveille son auditoire : plusieurs boïars en furent tellement frappés qu'ils n'y voyaient plus qu'une seule bonne réponse à faire, c'était de jeter Possevino à l'eau. En attendant, celui-ci n'était guère embarrassé pour trouver des réponses plus que satisfaisantes.

Ce qui avait surtout frappé Ivan, c'était la chaise gestatoire. Chévriguine avait vu le pape dans l'éclat des pompes romaines ; Grégoire XIII, porté sur une chaise, entouré d'une cour brillante, apparaissant tout à coup au milieu de la salle d'audience, avait fait une profonde impression sur l'envoyé moscovite, qui n'avait pas manqué d'en instruire son maître. Ivan n'en revenait pas d'étonnement : au lieu d'aller à pied, disait-il, comme un simple mortel, le pape se fait porter sur une chaise et il prétend partager le trône de saint Pierre, et par saint Pierre le

10

trône du Christ ! Mais le pape, ajoutait le tsar, n'est pas le Christ, et sa chaise n'est pas un nuage, et ses porteurs ne sont pas des esprits angéliques ; non, non, saint Pierre lui-même ne peut être identifié avec le Christ, et du reste il se promenait nus-pieds, de même que les autres apôtres. — Ces niaiseries moscovites devaient être prises au sérieux : Possevino se contenta de répondre que le pape avait coutume d'aller à pied ; si, de temps en temps, on le porte sur une chaise, c'est pour qu'il puisse plus facilement bénir le peuple.

Autre grief : Chévriguine a raconté que le pape se fait baiser les pieds, qu'il porte une croix sur *sa botte,* et qu'il y a un Christ crucifié sur cette croix. Voilà déjà une grande différence, dit le tsar, entre la religion chrétienne, qui est la nôtre, et la religion romaine : chez nous, la croix de Jésus-Christ est un signe de triomphe sur les ennemis, nous la vénérons, d'après les traditions des Pères et des Conciles, il est inouï parmi nous de la porter au-dessous de la taille ; il en est de même des autres images, les autels aussi se font à la hauteur de la poitrine. Quant à l'usage romain de porter la croix sur sa *botte*, il n'a d'autre source que l'orgueil et il est contraire aux doctrines de l'Église. — Le jésuite rappela au tsar l'ancienne coutume, du temps des apôtres, de leur baiser les pieds ; le même honneur fut témoigné à leurs successeurs et, pour bien constater que l'hommage rendu à l'homme s'adresse à Dieu, la mule pontificale fut ornée d'une croix. L'orgueil y entre pour si peu de chose que le pape s'abaisse jusqu'à laver les pieds des pauvres le Jeudi-saint et, comme Ivan aimait à citer les textes, Possevino à son tour lui cita les magnifiques paroles, où Isaïe prédit les grandeurs de l'Église, qui voit tous les peuples à ses pieds (1).

Le pape prêtait encore d'un autre côté à la critique. Dans l'ancienne Moscovie, la barbe jouait un grand rôle. Objet d'un culte superstitieux, elle était

(1) « Et erunt reges nutritii tui, et reginæ nutrices tuæ : vultu in terram demisso adorabunt te, et pulverem pedum tuorum lingent. » Isaïe, XLIX, 23.

considérée comme le reflet plus éclatant de la divine majesté sur le visage de l'homme, comme le signe de sa supériorité naturelle sur la femme : aussi un bon moscovite aurait-il sacrifié sa tête plutôt que sa barbe. Déclarer au Kremlin, en pleine audience, que le pape se rasait, c'était non seulement lui enlever tout prestige, mais encore le rendre odieux et méprisable. L'échec du tsar, auteur d'une si grave imputation, fut complet : Possevino affirma solennellement que Grégoire XIII portait une belle et longue barbe.

La rédaction de Possevino s'écarte ici singulièrement de la rédaction russe. D'après celle-ci, Ivan aurait dit au jésuite : comment se fait-il que toi, prêtre de foi romaine, tu te rases la barbe et tu la coupes, tandis que c'est sévèrement défendu non seulement aux prêtres mais encore aux laïques? Qui t'a permis d'en agir ainsi et d'où vient cette nouvelle doctrine ? Possevino, à en croire les Moscovites, n'aurait trouvé d'autre réponse que celle-ci : je ne me rase pas la barbe et je ne me la coupe pas (1). En adoptant cette version, il faudrait admettre un flagrant délit de mensonge, soit de la part d'Ivan, soit de la part de Possevino, ce qui n'est guère probable ; cet étrange dialogue ne peut s'expliquer que par une rédaction infidèle.

Restait encore une dernière objection : le pape se fait honorer comme s'il était Dieu. On s'aperçoit qu'à l'égard du pape, la même pensée revient toujours sous une autre forme, soit à propos de la chaise gestatoire, soit à propos de la mule ; c'est que le tsar n'avait guère l'intention de se laisser convaincre ; aussi Possevino en appela-t-il en vain au titre du Souverain Pontife qui s'appelle Serviteur des serviteurs de Dieu, bien qu'il envoie ses légats en Orient et en Occident, et qu'il soit vénéré partout comme Pasteur universel. Le tsar avait atteint son but : il avait fait preuve d'érudition, le pape avait été publiquement outragé, les boïars ne se douteraient plus que Moscou lui était redevable d'une trêve avec la Pologne. De son côté,

(1) *Mon. des rel. dipl.*, X, col. 302.

Possevino, qui avait la conscience de sa supériorité, ne voulant pas laisser son adversaire sous le coup d'une fâcheuse impression, sollicita, vers la fin de l'audience, la faveur de lui baiser la main, ce qui fut aussitôt accordé. Ivan eut même un éclair de tendresse : à deux reprises, il embrassa Possevino, lui rappelant qu'il l'avait prévenu de ses craintes,et excusant ainsi à la sourdine ses excès de langage. Dans le courant de l'après-midi, il lui envoya des boïars avec des messages affectueux, lui fit porter des boissons et des mets de sa table,et demanda par écrit le texte du prophète Isaïe, qui avait été cité dans la discussion. Possevino profita de l'occasion pour faire pénétrer au Kremlin, avec le texte en question, un commentaire des saints Pères et cinq chapitres du patriarche Gennadius sur la primauté du pape, qu'il avait fait traduire en russe pendant le voyage.

Deux jours après cette première conférence, le 23 février, Possevino est de nouveau mandé au palais. Les avis étaient partagés sur le but de cette invitation : les plus timides craignaient un coup d'éclat et se préparaient au martyre ; les compagnons du jésuite s'approchèrent de grand matin des saints sacrements et se munirent de reliques. Vaines appréhensions! à peine le nonce pontifical est-il devant le tsar que celui-ci l'invite, comme de coutume, à s'asseoir sur un siège recouvert d'un tapis ; et, en présence des boïars, lui fait des excuses pour avoir parlé du pape d'une manière qui peut-être lui aura déplu ; il le prie en même temps de n'en rien dire à Grégoire XIII, pour ne pas compromettre les bons rapports de Moscou avec Rome et en général avec tout l'Occident (1). Possevino se montra de bonne composition, et ordre lui fut donné de poursuivre les négociations ordinaires avec les boïars. Ce jour-là, il fut question de la Perse et du meilleur chemin à suivre pour y parvenir, des Tartares, de l'alliance anti-musulmane, enfin de la Suède, à l'égard de laquelle il y avait une curieuse contestation à régler. Les rois de Suède, d'après un antique usage, ne

(1) Le texte russe est loin d'être aussi explicite. *Mon. des rel. dipl.*, X, col. 212.

traitaient pas directement avec les tsars, mais avec les voïévodes de Novgorod. Ce procédé semblait humiliant à Jean XIII. Possevino, de son côté, aurait vu volontiers les relations mutuelles sur un pied d'égalité, mais une concession de ce genre ne faisait pas le compte d'Ivan IV, plus fier que tout autre de ses prérogatives; il tint bon et les affaires suédoises restèrent dans le même état qu'auparavant. Aux questions politiques on ajouta, cette fois, une question religieuse. Possevino fut mis en demeure, à la prière du tsar, de présenter un mémoire sur les divergences dogmatiques entre les deux Églises, attendu qu'il n'y avait personne à Moscou, comme l'attestaient naïvement les boïars, qui pût comprendre le texte grec du concile de Florence, dont le jésuite avait offert à Ivan un magnifique exemplaire. Une proposition de ce genre n'était pas à dédaigner : pour le moment, Possevino se contenta de faire parvenir au tsar un exemplaire latin de Gennade, afin d'en provoquer la traduction en russe, avec promesse de livrer le mémoire dans quelques jours, ce qui fut fait (1).

(1) *Moscovia*, p. 159.

Sur ces entrefaites, le grand carême était survenu. Fidèle à la coutume nationale, Ivan avait passé une semaine entière dans l'oraison, le jeûne et un recueillement relatif pour se préparer à recevoir la sainte Eucharistie. Pendant quelques années il s'en était abstenu à la suite de ses mariages anticanoniques : l'Église d'Orient n'admet pas les troisièmes noces, Ivan en était à ses cinquièmes et, sans jamais renoncer à sa vie plus que licencieuse, il tenait à les contracter chaque fois en face des autels. Les autorités ecclésiastiques se tiraient d'embarras d'une manière assez étrange : elles accordaient la dispense *au bon et pieux souverain* et fulminaient des anathèmes contre tous ceux qui imiteraient son exemple. On songea cependant à éviter le scandale : le tsar fut engagé à ne pas s'approcher de la sainte Table pour donner ainsi satisfaction à l'opinion publique, mais bientôt cette austère décision fut rapportée et les pratiques religieuses du Kremlin reprirent leur ancien cours. A la suite peut-être de ces pieux exercices, Ivan imagina un piège pour obtenir les suffrages du nonce pontifical en faveur de la foi orthodoxe. Le 4 mars, celui-ci est admis en audience. Une foule plus nombreuse que jamais se presse sur son passage ; toutes les fenêtres sont pleines de spectateurs, et, chose étrange, l'Église de la Vierge, celle de saint Jean ont leurs grandes portes ouvertes, comme pour faire entrevoir de loin les évêques et les prêtres qui entourent l'autel. Mais l'étonnement de Possevino fut à son comble lorsque le tsar lui parla en ces termes : « Nous avons appris, Antoine, par nos boïars, que tu désires visiter nos églises, et nous voulons, à cette occasion, te donner un gage de notre haute bienveillance. Des ordres ont déjà été donnés pour qu'on t'y conduise ; et tu verras avec quelle ardeur nous adorons la Sainte Trinité, comme nous vénérons et invoquons la sainte Vierge et les Saints, comme les pieuses images sont honorées parmi nous ; on te montrera aussi celle de la sainte Vierge peinte par saint Luc ; et cependant, ni moi ni le métropolitain nous ne nous faisons porter sur une chaise gestatoire. »

L'imprévu, dans ce discours, marchait de front

avec le grotesque. Possevino avait si peu songé à visiter les églises russes, qu'il tenait, au contraire, à ne pas y mettre le pied ; quant à de nouveaux outrages à l'adresse du Pape, il ne s'y attendait guère après les excuses spontanées de l'autre jour. L'honneur était en cause, impossible de reculer, l'interprète dut vaincre sa timidité et donner à haute et intelligible voix la réponse suivante : « Nous approuvons et nous louons les pratiques pieuses et légitimes en l'honneur de Dieu; quant à visiter tes temples, sache que je n'ai demandé à personne d'assister à la messe ou aux prières de tes prêtres, car je sais très bien comment les choses se passent chez vous. D'ailleurs, il nous est même interdit de prendre part à des cérémonies de ce genre, tant que nous ne serons pas d'accord sur les questions de foi, tant que ton Métropolitain ne sera pas confirmé par le successeur de celui auquel le Seigneur a dit : Confirme tes frères. Pour ce qui est de la chaise gestatoire du souverain pontife, je t'ai déjà dit qu'il l'emploie pour donner la bénédiction au peuple, bien qu'il soit également opportun de montrer ainsi que la dignité même de Jésus-Christ a été conférée au Siège Apostolique. Du reste, le peuple rend ici à tes évêques (si toutefois ils sont évêques) des honneurs bien plus grands, lorsqu'il se frotte les yeux et la figure avec l'eau qui a servi aux évêques pour se laver les mains, lorsqu'il s'incline devant eux jusqu'à terre et qu'il frappe le sol du front. »

Le texte russe est ici de nouveau en parfait désaccord avec celui de Possevino qui vient d'être mentionné. Loin d'opposer un refus catégorique à l'offre de visiter les églises, le jésuite l'aurait acceptée volontiers ; et, au lieu de répondre en deux mots sur les honneurs rendus aux évêques, Ivan aurait parlé ainsi : « Tu t'appelles docteur, et tu viens nous faire la leçon sans comprendre toi-même ce que tu dis : as-tu lu l'explication de nos offices liturgiques ? » Et Antoine se tut, poursuit le texte russe, et ne donna pas de réponse au tsar. Et le tsar reprit : « si tu ne le sais pas, je m'en vais te l'apprendre : le métropolitain se lave les mains pendant la messe et se frotte ensuite les yeux avec cette eau, et nous nous frottons aussi les yeux avec la même eau, et le métropolitain fait porter cette eau à tous ceux qui se trouvent à l'église, et c'est l'image de la passion du Seigneur, car Notre Seigneur Jésus-Christ s'est lavé les mains pendant la passion et s'est frotté les yeux ; c'est donc l'image de la passion du Seigneur et non pas un honneur rendu au métropolitain. » Et le nonce pontifical Antoine ne donna pas de réponse (1).

Nous avons cité mot à mot pour donner une idée des aménités dont le texte russe est parsemé. Tout à l'heure nous verrons qu'il est erroné, au moins quant à l'empressement de Possevino de visiter les églises russes.

Pendant que celui-ci présentait le mémoire qu'on lui avait demandé sur les points controversés entre les deux Églises, le tsar, à son insu, donna l'ordre de le mener à l'église de la Sainte Vierge. « Antoine, » s'écria-t-il lorsqu'on sortait déjà de la salle,

(1) *Mon. des rel. dipl.*, X, col. 324.

« garde-toi bien d'introduire des luthériens dans nos temples. » — « Prince, » répondit le jésuite, « nous n'avons rien de commun avec les luthériens « tant qu'ils ne renoncent pas à leurs erreurs. »

On se sépare sur ces mots de mauvais augure. Les boïars entourent Possevino, comme pour l'escorter, et prennent résolument le chemin de l'église. Le texte russe prétend qu'arrivé à la porte, le nonce voulut entrer immédiatement sans attendre le tsar, qui le suivait de près, sans vouloir se rendre aux remontrances des boïars, désireux de le retenir. Mais Possevino présente la chose bien autrement : à peine a-t-il compris le piège, qu'il se décide à faire un grand acte de courage : sans bruit et sans éclat, il se dégage de la foule et se dirige vers sa demeure ; les boïars s'y opposent en vain ; en vain le menacent-ils de la colère du tsar, qui déjà s'avance à la rencontre du clergé : rien ne peut ébranler la fermeté du nonce. La mésaventure est aussitôt rapportée à Ivan : il s'arrête incertain, se gratte la nuque, — geste traditionnel du slave embarrassé, — et puis fait dire à Possevino qu'il est libre de se rendre à la salle des conférences, s'il ne veut pas entrer à l'église. Le choix n'était pas difficile à faire : le nonce avec sa suite, composée de quinze personnes, rentre immédiatement au palais, où, à la grande suprise des Moscovites, ils se mettent tous à genoux et récitent le *Te Deum* devant un crucifix, rempli de reliques que Possevino portait sur lui et qui fut produit pour la circonstance. Pressés de s'expliquer, ils avouent qu'ils ont rendu grâces à Dieu pour avoir échappé aux embûches du tsar et confessé publiquement la foi catholique.

Lorsque les boïars vinrent ensuite, comme de coutume, reprendre les négociations, Possevino leur représenta en termes énergiques que le tsar était mal venu à insulter le pape, que les envoyés pontificaux étaient loin d'être inférieurs à un métropolitain, qui n'était au fond qu'un intrus ; après quoi on agita encore les questions religieuses, les boïars en prirent note pour en référer au tsar et répétèrent encore une fois à Possevino les mêmes réponses sur les détails complémentaires de la trêve et sur l'alliance anti-ottomane.

Ces trois audiences avaient suffisamment fixé l'opinion de Possevino : il savait quelle valeur il fallait attacher aux projets religieux d'Ivan et les difficultés de l'union avec Rome lui apparaissaient dans leur vrai jour. Les matières politiques étaient aussi plus ou moins épuisées, il était opportun de partir avant la fin de l'hiver, pour ne pas se laisser surprendre en route par le dégel. Des mesures furent prises en conséquence.

Le 11 mars eut lieu l'audience de congé. Le tsar se montra bienveillant à l'excès : les promesses de bon accueil pour les envoyés du Pape et de Venise, les assurances de bonne amitié furent renouvelées; quelques faveurs de détails furent largement accordées, Possevino fut comblé d'honneurs et chargé de présents. Ivan voulut même, à cette occasion, justifier sa conduite vis-à-vis des étrangers. Elle avait paru si singulière à son hôte qu'il en avait fait l'objet d'une mention spéciale : l'usage de se laver les mains après avoir causé avec un occidental était en vérité intolérable, pour ne rien dire des autres avanies qu'il fallait nécessairement subir. Le tsar opposa le plus formel démenti à la cérémonie du lavement des mains; quant aux autres mesures il se donna bien du mal soit pour les expliquer soit pour en atténuer la portée ; somme toute, il n'y avait, d'après lui, absolument rien à changer aux anciennes coutumes moscovites. Pour donner au pape un gage évident de son amitié, il lui envoyait un ambassadeur avec des lettres et des présents. Possevino était chargé de le conduire jusqu'à Rome.

Le 14 mars, le jésuite partit de Moscou dans la direction de Riga, où il devait avoir une entrevue avec le roi de Pologne.

11.

VI

CHAPITRE VI.

BATHORY ET IVAN APRÈS LA TRÊVE.

Bathory à Riga. — Relation du P. Scarga. — Importance de Riga. — Bathory pendant la Semaine Sainte. — Les Jésuites à Riga. — Arrivée de Possevino. — Conférences avec le roi de Pologne. — Idées de Bathory sur l'Autriche et sur Moscou. — Il désire le maintien de la paix avec Ivan. — Ambassade du tsar auprès d'Élisabeth d'Angleterre. — Projet de mariage avec Marie Hastyngs. — Projet d'alliance contre Bathory. — L'intervention du pape jugée par Pisemski. — Conclusion.

Pendant que Possevino se mesurait avec le tsar dans le champ théologique, Bathory se rendit à Riga pour y cueillir le fruit de ses victoires, et organiser sur les lieux, dans le centre même de la province, les affaires de la Livonie, dont le traité de Iam Zapolski lui assurait désormais la tranquille possession.

Un témoin oculaire nous a laissé quelques détails intéressants sur le séjour du roi de Pologne à Riga ; trois jours après Bathory, le 15 mars, arrivait dans la même ville le célèbre jésuite Scarga, l'orateur le plus en renom de l'époque, admis parfois dans les conseils royaux et lié d'amitié avec les principaux personnages de la cour. Mis aussitôt au courant des derniers événements, il a consigné ses impressions dans un petit commentaire, qui est heureusement parvenu jusqu'à nous (1).

Riga était une ville importante, surtout au point de vue du commerce ; elle avait eu autrefois son archevêque, son chapitre, sa cathédrale, ses abbayes; en 1582, il y avait à peine quelques vestiges de l'ancien culte : plus de prêtres, plus de moines, presque plus de catholiques, si ce n'est trois vieilles religieuses, ensevelies au fond d'un couvent, où elles protestaient contre la Réforme par une fidélité inébranlable à la vraie foi ; les habitants s'étaient

(1) Theiner, *Annales ecclesiastici*, III, p. 337.

ralliés en grande partie à la confession d'Augsbourg; douze ministres, qui ne brillaient pas précisément par la science, pourvoyaient à leurs besoins spirituels.

Bathory n'ignorait rien de tout cela, et il venait, comme il le dit lui-même à Scarga, principalement pour rétablir le culte catholique. Son premier soin fut de prêcher par l'exemple. C'était la semaine sainte : deux fois par jour le roi de Pologne, entouré de ses brillants officiers, se rendait à l'église qu'on venait d'arracher à la profanation ; il assistait pieusement aux offices, prenait part à la procession, adorait la croix, écoutait les sermons. Le P. Scarga se voyait obligé de prêcher en polonais deux fois par jour, tandis que son compagnon remplissait le même office en latin ; l'auditoire était toujours si nombreux que les habitants en restaient émerveillés. D'autres sentiments succédèrent bientôt à une vaine et stérile admiration : Bathory était, avant tout, homme d'action ; il manifesta le désir de rendre l'ancienne cathédrale aux catholiques ; là-dessus, grand émoi parmi les hétérodoxes, protestations et suppliques de ne pas le faire. Après en avoir conféré avec Scarga, le roi changea d'avis et jeta son dévolu sur l'église Saint-Jacques, moins grande que la cathédrale, moins belle, mais entourée de terrains vagues, dont on pouvait tirer parti pour un collège de jésuites. Nouvel embarras pour les hérétiques, qui ne craignaient rien tant que l'invasion de ces nouveaux venus ; ils ne s'en cachèrent pas à Bathory, mais ce fut en pure perte. Sur le désir exprès du roi, quelques jésuites devaient arriver incessamment pour former le noyau d'un collège, tandis que des mesures opportunes faciliteraient l'érection d'un diocèse spécial pour la Livonie. Telle était la double base, destinée au rétablissement du culte catholique. Zamoyski secondait en tous points les vues du roi (1) ; l'évêque de Vilna, Georges Radziwill, était nommé gouverneur temporaire de la province.

(1) *Ibidem*, p. 335.

Les affaires en étaient là lorsque, le 24 avril, Possevino arriva à Riga, revenant de Moscou, en route pour Rome. Ses premiers loisirs furent consacrés à la rédaction d'un rapport sur la mission de Moscou, qu'il envoya au général de la Compagnie de Jésus (1). Cette pièce remarquable est le meilleur témoin de la disposition d'esprit, dans laquelle se trouvait alors Possevino. Une certaine confiance dans son œuvre se trahit d'elle-même : ce n'est pas que la conversion d'Ivan lui parût probable ou l'union des Russes avec Rome à la veille de se faire, mais il se flattait d'avoir frayé le chemin, d'avoir ouvert une porte. La trêve décennale était, en effet, un grand résultat acquis, on pourrait profiter de ce temps d'arrêt pour insister sur l'alliance contre les Turcs ; l'alliance militaire ramènerait les idées vers une autre alliance, plus intime et plus durable. Aussi, à partir de cette époque, son activité sera-t-elle dirigée principalement vers le

(1) Tourguénev, *Hist. Russ. mon., Suppl.*, p. 388, nº CLXII.

maintien de la paix parmi les princes chrétiens ; il agira dans ce sens auprès de Bathory, il s'efforcera d'imposer ses vues aux sénateurs de Venise, aux conseillers de l'empereur, et c'est à Rome qu'il trouvera le plus fidèle et le plus puissant écho.

Quelle était, à cette époque, l'idée dominante de Bathory ? Quels étaient ses sentiments vis-à-vis de Moscou ? Dans un ou deux ans, l'infatigable guerrier caressera des projets gigantesques contre les Turcs ; de gré ou de force, les Moscovites seront mis en demeure de sacrifier dans ce but quelques provinces, ce qu'ils se garderont bien de faire ; ce sera une nouvelle politique, dictée en partie par des événements imprévus, mais au lendemain de la trêve de Iam Zapolski, le roi de Pologne avait-il l'intention de l'observer loyalement et de ne pas manquer à sa parole ? Les conférences qu'il eut avec Possevino à Riga, à Vilna, à Varsovie dissipent à cet égard jusqu'à l'ombre d'un doute, non seulement à cause de la franchise que Bathory mettait dans ses confidences, mais encore par la nature même des entreprises qu'il méditait en ce moment. En effet, provoqué par le jésuite, il déclare de la manière la plus catégorique que rien ne lui semble pouvoir compromettre la trêve avec Moscou ; lui-même est résolu à en remplir fidèlement les conditions et ce n'est pas le tsar, vaincu, affaibli, humilié qui songera à les rompre. Une autre préoccupation absorbait complètement le vainqueur d'Ivan ; en 1567, l'empereur Maximilien II, victorieux du prince de Transylvanie, avait annexé le district de Szathmar à la couronne de Hongrie ; or ce district faisait partie du patrimoine des Bathory ; tous les membres de la famille tenaient essentiellement à rentrer dans les possessions de leurs ancêtres ; le roi de Pologne, stimulé par les siens, en faisait une question personnelle d'honneur et, au besoin, un *casus belli*. Cette menace n'était pas seulement pour la parade ; Rodolphe n'avait aucune envie de se dessaisir de Szathmar, et la ténacité de Bathory ne pouvait être mise en question. Il est vrai que, sur les instances de Possevino, l'intervention du pape est acceptée, mais la réserve est expresse : s'il n'obtient pas gain de cause, Bathory est décidé à se rendre lui-même justice par les armes. Cet ensemble de faits suggère un raisonnement très simple : une nouvelle guerre avec Moscou n'aurait jamais pu être menée de front avec une guerre contre l'Autriche, Bathory était prêt à tirer son épée contre l'empereur ; il n'y avait donc pas, en ce moment, d'intentions hostiles contre le tsar.

Un autre trait mérite encore d'être relevé. La trêve de Iam Zapolski avait été conclue grâce aux efforts de Possevino, qui représentait le pape Grégoire XIII. L'intervention pontificale avait été provoquée par Ivan, Bathory l'avait acceptée au moment de ses plus belles victoires. Malgré toutes les péripéties des négociations et les difficultés de détails, il n'en reste pas moins reconnaissant au Saint-Siège, il se met entièrement à son service, sans arrière-pensée, avec un dévouement tout à fait chevaleresque (1).

(1) Toutes ces idées reviennent souvent dans les lettres

Ce n'est pas sans raison que nous parlons ici des sentiments pacifiques de Bathory et de ses dispositions à l'égard du pape. Un parallèle avec Ivan sur ces deux points prouvera, mieux que tout autre commentaire, que la trêve de Iam Zapolski était acceptée par les deux parties contractantes dans un esprit opposé. Les éléments du parallèle nous sont fournis par une récente publication de la Société impériale d'histoire de Russie et nous transportent pour quelques instants en Angleterre, où l'envoyé d'Ivan le Terrible révèle les plus secrets desseins de son maître à la reine Élisabeth (1).

Un motif assez étrange explique la présence du diplomate russe à Londres depuis l'année 1581. Le tsar était déjà engagé dans une guerre désastreuse avec la Pologne; au milieu de ses débauches il s'était marié et remarié; sa dernière femme, Marie Naghi,

de Possevino au cardinal de Côme des années 1582 et 1583. Voir l'Appendice, n°s XVII-XX.

(1) Recueil de la Société d'Histoire de Russie, t. XXXVIII.

était sur le point de devenir mère de l'infortuné Dmitri, lorsque tout à coup la fantaisie lui passe de contracter une nouvelle hyménée avec Marie Hastyngs, nièce d'Élisabeth. Un médecin anglais lui avait donné des renseignements, qui avaient mis sa tête en travail ; aussitôt un gentilhomme (*dvorianine*), nommé Fedor Pisemski, est dépêché en Angleterre pour arranger une alliance politique avec la reine et un mariage avec sa nièce. Détail caractéristique : si l'on parlait de l'épouse actuelle du tsar, il fallait répondre qu'elle n'est ni fille de roi, ni fille de prince, qu'elle n'est pas en faveur et qu'elle sera certainement abandonnée. Le mariage projeté n'eut pas lieu, mais ce n'est qu'un détail : il y a une autre circonstance dans cette ambassade qui nous intéresse plus directement.

Au lendemain de la trêve conclue avec Bathory, au moment même où une ambassade moscovite portait à Rome des paroles de paix avec les chrétiens et de guerre contre les Turcs, des remerciements chaleureux au pontife, Ivan chargeait son envoyé à

Londres de négocier avec Élisabeth une alliance contre Bathory. En dehors des avantages commerciaux qu'on pouvait offrir aux marchands anglais, qui savaient déjà le chemin de la mer Blanche, le tsar avait lui-même une espèce d'anglomanie. Se croyant toujours entouré de traîtres, il avait, à la même époque, conçu le dessein de s'enfuir en Angleterre pour y mettre sa vie en sûreté. Il en avait écrit à Élisabeth, mais c'était un projet qu'il tenait en réserve; avant tout il désirait une action commune avec la reine contre le roi de Pologne. Pisemski devait apprendre aux ministres anglais que Bathory avait de son côté le pape, l'empereur et plusieurs autres souverains ; c'était donc pour résister à tous ces adversaires réunis qu'Ivan sollicitait très sérieusement l'alliance anglaise et qu'il demandait un secours soit en hommes, soit en argent, soit en matériel de guerre. Malheureusement, sur les bords de la Tamise, on était déjà informé de la trêve de Iam Zapolski et des circonstances dans lesquelles elle s'était faite. Les conseillers de la reine dirent un jour très franchement à Pisemski : Le bruit s'est répandu ici que le pape romain se vante d'avoir réconcilié votre souverain avec le roi de Pologne. La réponse du Moscovite était tout prête: « Le pape peut dire tout ce qu'il veut derrière le dos, mais s'il eût réconcilié notre souverain avec le roi, notre souverain n'aurait pas appelé ennemi le roi de Lithuanie (*sic*), et il n'aurait pas écrit à sa sœur et votre souveraine, la reine Élisabeth, qu'il est son ennemi (1). » Si le raisonnement du diplomate russe n'est pas concluant en lui-même, au moins prouve-t-il à l'évidence, que le tsar songeait à une revanche, que l'intervention du pape l'avait profondément humilié.

La conclusion générale sur la nature et les circonstances de la trêve de Iam Zapolski se dégage ici d'elle-même : si deux adversaires aussi redoutables que Bathory et Ivan IV ont pu être réconciliés, si en dépit des ardeurs belliqueuses de l'un et de la versatilité de l'autre une trêve décennale a été jurée,

(1) *Ibidem*, p. 39.

si les antipathies nationales et les rancunes personnelles ont été oubliées pour un moment, c'est que le négociateur a su tirer parti habilement de la situation qui s'imposait aux deux rivaux, c'est qu'il a équilibré les intérêts avec la haute sagacité d'un homme, dévoué à la justice.

APPENDICE

POSSEVINO AU CARDINAL DE CÔME.

10 et 12 octobre 1581.

Dapoi ch' io partii di Polozco, ch' è nella Russia per incaminarmi in Moscovia, non ho potuto haver altra comodità di scriver a V. S. Illma si che dalli 22 di luglio di quest' anno insino al presente giorno ho fatto vacanza. Et nondimeno seguendo l'instruttione sua, nella quale oltre l'altre cose mi commandava, ch' esquisitissimamente (per usare dell' istessa sua parola) m'informassi delle cose di Moscovia, mi sono ingegnato di non perdere il tempo, si come potrà vedere dall' aggiunta relatione o commentario latino, nel quale si ragiona del presente stato della religione in Moscovia, delle difficoltà, della speranza, et de' mezi di introdurvi la fede catolica. In esso parimente si raccontano i salvi condutti ottenuti per coloro che Sua Maesta manderà, la concessione che con catolici mercanti possano venire, et dimorare alcuni sacerdoti catolici, la promessa fatta di essere quel Principe il primo a pigliar l' armi contra Tartari e 'l Turco, l' havergli lasciato appresso uno de nostri Padri con un compagno insino al mio ritorno, che dovera essere presto (a Dio piacendo) a quel Principe, le cose, le quali sarà necessario di spedire quanto prima costi, et mandarmisi con ogni diligenza, se si pensa non solo di tener vivo l' attacco, il quale mi fù commesso, ch' io procurassi, ma etiandio ad un tempo, giovare alla bianca et rossa Russia, non di questo Regno, colle quali due provincie puo spuntarsi dall' una parte in Moscovia et dall' altra nella Valachia et fra Tartari Precopesi.

Per tanto io supplico V. S. Illma che con quel calore, co 'l quale mi commandò et (con riverenza dirò) quasi sforzò la mia tepidezza ad incaminarmi verso queste parti, si degni anco raccomandarmi a Dio, et dimandargli seriamente che provegga di quegli operarii, che sono necessarii per tutto questo tratto del settentrione.

Quanto poi a molti particolari del viaggio nostro al Gran Duca di Moscovia, et al ricoglimento che si fece, non bisognerebbe havere cosi breve tempo come ho per raccontarlo. Pero toccando i punti principali lasciero che V. S. Illma intenda piu diffusamente tutto il progresso del nostro camino, da una lettera, ch' il P. Giovanni Paolo Campano assegnatomi per compagno scrive al P. Generale nostro, la quale mi ha promesso di mandar con questo mio plico, poiche sara giunto in Vilna, dove va dimani, per ordine dell' istesso P. Generale nostro.

Noi dunque arrivati a confini del paese del Moscovito, piantati i padiglioni aspettammo coloro che quel Principe suole mandar a persone che si mandano da Principi. Cosi il seguente giorno comparvero due corrieri che ci portarono il salvocondotto, l'altro giorno vennero huomini et cavalli insino a sessanta per condurci, et darci le cose necessarie in nome di quel Principe. Caminato havendo poi tre giornate, dalla citta di Smolenzco ci vennero lungi due miglia 400 cavalieri con vesti di brocato, et altre pretiose ad incontrare, et a dimandare in nome del loro Principe come stava Sua Santita et come noi ci trovavamo con buona sanità, assicurandoci che nissuna cosa ci mancherebbe. Poi essendo partiti fummo condotti alla fortezza di Smolenzco per mezzo il che a nissuno Ambasciatore è solito di concedersi, tirato essendosi da 60 tiri di artiglieria, et fatta una salva di 1200 archibugieri che per un miglio Italiano erano dall' una et dall' altra parte disposti accioche in mezo loro pervenissimo all' albergo posto fuori della fortezza ch' è situata al Boristene. Havendo poi passato oltre due giornate, un' altro gentilhuomo ci fu mandato incontro con quindici nobili per accompagnarci insino a Staricia ch' è una fortezza al fiume Volga che va a sboccare nel mare Caspio, alla quale fortezza essendo noi arrivati dieci giornate dapoi, fummo per un miglio fuori incontrati da circa trecento cavalieri, i quali scesi di cavallo come noi altri facemmo ci dissero :

Il grande Imperatore Signore di tutta la Russia etc. nominando molte altre Provincie ti si inchina per riverenza di Papa Gregorio XIII et disidera saper come sta, et come tu ti porti, et ti manda noi che sempre havremo cura di provederti delle cose necessarie.

Alle quali cose havendo risposto quanto pareva convenire, un' altro nobile accompagnato da altri ci condusse una chinea dicendosi : Il grand' Imperatore ti manda questa in dono perche la cavalchi et venga all' albergo destinato, dove giunti, et ricevuti splendidamente al loro modo, et dapoi i seguenti giorni admessi all' audienza et invitati a desinare con lui, dove erano da cento principali alla tavola, et essendo spesso dal Principe presentati havemmo molti segni di amore, et nel convito alcune volte altamente ragionandomi il Principe, mostrava segni di grand amore verso Sua Santita nominandola con titoli honoratissimi. Poi per lo spatio di 29 giorni trattammo co 'l Principe, et coi Consilieri suoi molte volte di tutte quelle cose che ci erano ingiunte, delle quali se bene sono toccate alcune nel detto Commentario nondimeno piu distintamente sono in alcuni fogli, come in modo di diarii, acciochè dalla serie del negotiato possa haversi maggiore luce, massimamente che dovero in parte servirmene con questo Sermo Re di Polonia, che pero anco sono scritti in latino. Dapoi i detti giorni havendoci ricercato quel Principe che ritornassimo al Re di Polonia a trattare della pace, et havendoci donato denari per mandare il P. Giovanni Paolo a Sua Santita alla quale manda alquanti zebellini, et per mandare in Svetia a trattare della pace con quel re, si come anco Sua Santita ci comandò, et havendoci dato lettere per Sua Santita tanto egli quanto il Principe, suo figliuolo, il quale mai piu non haveva scritto ad altro Principe, et mandatoci a donare cavalli in luogo di quei che per la lunghezza del camino ci erano mancati per strada, et oltre cio vestimenti, pelli, et viatico, et insieme alcuni cibi perche in questo campo non ci mancasse il vitto, ricevemmo quel che per nissuna via fù possibile di ricusare, ma dapoi ottenemmo, havendogli fatto intendere piu distintamente la vocatione nostra, che parte di quelle pelli si mandassero come facemmo in Moscovia per aiutare i captivi et prigioni, del resto n' aiutassimo questi prigioni Moscoviti che sono in questo essercito, et ne riscatassimo alcuni sicome speriamo colla Divina gratia che potrà farsi : che gia per questo attenderemo a vestirgli in questi horridi freddi che sono gia cominciati, et con questo beneficio a catechizargli.

Hor noi demmo i doni a quel Principe che Sua Santita ci ingiunse, et commise, et furono portati intieri, il ritratto pero o piccolo quadro della Madonna coi 4 Dottori della chiesa ornato con argento et velluto negro non si diede, percioche intesimo che non sarebbe in alcun modo ricevuto essendo Christo nostro Signor anchorche in figura di bambino dipinto nudo, et cosi S. Giovanni Battista in gran parte, scandalizandosi essi piu che notabilmente di cotesto artifitio de nostri pittori, et pensando da questo che la Chiesa Romana sia piena di carnalità, come che invero le loro imagini sieno decentissime et piene di riverenza. In luogo dunque di questo, diedi un grand Agnusdei con argento et oro ch' io havevo prima comperato. Et hora vedro se con qualche reliquia si potra accommodare il detto quadro, et darglielo in altra maniera al mio ritorno. Partiti poi di Staricia il 14 del passato, giunsimo qua il V del presente havendoci mandato all' incontro per 70 miglia italiane questo Re una scorta di cavalleria, et tutto quel che poteva in queste scorrerie che largamente si fanno dall' una et dall' altra parte esserci necessario. Giunti qua trattammo a lungo di quel che il Moscovito et a Staricia, et cento cinquanta miglia piu di qua mi haveva a lungo scritto. Et cosi co 'l Re et co 'l Senato havendo io fatta la rilatione il seguente giorno stemmo da tre grosse hore con Sua Maesta colla quale si concluse, ch' io mandassi uno de' nostri al Moscovito, proponendo come da me, quel che V. S. Illma vedra nella copia della lettera qui aggiunta, la quale io scrivo a quel Principe. Cosi hieri sera per la posta mandai uno de nostri interpreti, che con me era venuto in quelle parti. Et se il Moscovito lo spedirà presto con alcuni suoi, coi quali si venga a colloquio con gli Ambasciatori di questo re, io mi ritroverò con amendue le parti et faro quel che la Maesta divina mi concederà, poiche secondo le ricchezze della sua misericordia mi va confundendo nell' usar' un misero verme in cosi grande impresa. Il Re et questo essercito specialmente disidera la pace.

Il Moscovito fa il medesimo il quale colla sopravenuta del verno, et con havere munita questa citta di Plescovia, che gira sette miglia Italiane pensa di poterne sfuggir l' assedio. Et certo è già si horrido freddo, che tutti ci facciamo fosse sotto terra per difenderci di questo rigore oltre l' altre incommodità che sogliono patirsi in cosi fatti paesi. Le ragioni poi che si propuosero da me al Re, et le quali io stesso lessi a Sua Maesta saranno con questa lettera, colle quali parimente è scritto quel che mi rispuose, il che è degno di sapersi.

Vero è ch' intorno quel punto ch' io le propuosi del mandare costa a deferire l' obedienza delle cose acquistate, per mezo di suo nipote, egli non all' hora ma avant' hieri mi rispuose mostrando che quel punto era stato molto a suo gusto, et se la pace seguirà non sarà difficile che suo nipote venga a Roma.

Et fra questo mezo si havrà tempo di considerare se sarà servitio di Dio il promuovere a piu alto grado quel giovane onde al Moscovito et al Re di Svetia si mostri, come dovrebbono havere fatto nei loro acquisti. Hieri poi mi mandò Sua Maesta a communicare i due ultimi brevi, che da Sua Santita le erano stati scritti circa la risposta fatta alla lettera del Re intorno Mons. di Bertinoro; *et circa la retentione di Mons. di Plozca in Roma, delle quali due cose* resto pienamente sodisfatto. Di più havendomi il Re communicato, cio che circa la coadiutoria del vescovo di *Varmia* il S. Cancelliere, et Mons. il nuovo Arcivescovo Gnesnense, et alcuno altro havevano operato coll' istesso giovine, a cui sempre haveva Sua Maesta lasciato libero l' adherire a quella vocatione alla quale interiormente si sentisse chiamare, il S. Cancelliere mi mandò alcune lettere del Vescovo et capitolo di Varmia, per le quali con alcune ragioni mostravano di ricusare quella coadiutoria. Et dimandandomisi che cosa dovrebbe farsi, dissi che dovessero sinceramente communicare il tutto con Mons. Nuntio, Vescovo di Massa, acciòche non per modo di petitione ma di consiglio il tutto si proponesse a Sua Santita et fra questo mezo nissuna altra cosa si tentasse. Sarà dunque in potere di Sua Beatitudine o colla speranza di altro a suo tempo mitigar questo disiderio, o considerare se le circonstanze che hanno causato dispensatione in altri sono tali, ch' in cospetto di Dio debbano fare promuovere questo negotio o almeno con ragioni disporre quel Vescovo et capitolo a pesare meglio quel che di essentiale commodo alla religione catolica in quelle parti potrebbe avvenire. Tutto ciò è paruto di dover significare a V. S. Illma poiche in un medesimo tempo questa mia servirà a Mons. il Vescovo di Massa, a cui la mando aperta per fretta del tempo, et per difetto di scrittori a bastanza.

Manderò anco o pe' l Giovanni Paolo Campano constituito Provinciale di Polonia (s' egli verrà a Roma come pareva spediente havendolo disiderato il Moscovito, et questo Re Sermo, che hieri ce lo disse) le scritture, pretensioni, et risposte datemi in Ruteno, et fatte in parte in latino, le quali il Gran Duca di Moscovia mi ha dato con qualche speziale segno di confidenza. Et così le lettere pei Signori Vinitiani et per l' Imperatore (che di questo scrivo a Mons. di Cervia) et principalmente per Sua Santita colle patente ottenute et pei mercanti Vinitiani et per coloro che Sua Santita manderà. Pero quel che tocco nel mio Commentario è necessario, cioè che si mandino al Moscovito corrispondente patenti d' amore paterno et con alcuni titoli consueti che si danno a quel Principe. Et sendo in pergameno con alcuno ornamento o miniatura, nissuna cosa pùo perdersi, poiche le carezze fatte a Tomasso Severigeno da Nostro Signore non hanno punto nociuto, havendo egli fatto tale rilatione che in parte siamo stati raccolti et creduti piu di quel che sarebbe avenuto.

Fatto poi che havrò questa speditione manderò co' l consenso di questo Re lettere in Svetia a quella Maesta per ordire la tela della pace forse piu necessaria fra questo et quel re, che fra quel re e' l Moscovito, poiche questo re si duole molto del re di Svetia ch' in Livonia sia entrato a pigliare quelle fortezze, sopra le quali non solo pretende, ma anco n' haveva gia premonito il Re di Svetia.

Ho poi havuto lettere di Svetia come passarono quietamente le nozze fra la sorella del Re e 'l Duca di Mechelburg, come il Duca Carlo co 'l Re si porta con molto amore et pace, come i nostri seguivano al modo solito, et finalmente come era giunto quel Padre, il quale di Vilna coi spacci di Sua Santita mandai, pero non ho da nostri lettere, ne da quel re finhora, se bene penso di riceverli prima che di qui parta. Pero daro al detto P. Giovanni Paolo tutte quelle lettere che di la et di alcune altre parti toccanti i detti seminarii ho trovato che qui m' aspettavano, accio che V. S. Illma vegga che non sono spenti quei semi, che la mano di Dio suole gettare per mezo della Sede Apostolica, quando si ha semplice mira alla salute dell' anime.

Quel che mi resta a dir a V. S. Illma è ch' il Moscovito sendosi doluto con me che di varie nationi erano soldati nel campo di questo Re, io se bene scusai i Principi catolici nondimeno pensai che non sarebbe fuori di proposito il fare che alcuni Cardinali o altro dello stato della Chiesa non piu raccomandasse alcuno qua perche fosse admesso a servigi del Re contra il Moscovito, anzi se fatto si fosse in alcuni, sarebbe spediente che quei Signori destramente gli rivocassero, accioche se cadessero prigioni in mano del Moscovito, et costretti da tormenti fossero, non dicessero come fussero introdutti quà, il che in persone di quelle nature assai suspettose et subite potrebbe muovere alienatione dalla Sede Apostolica come a tempi del Padre di questo Principe avvenne, havendo inteso che a Roma si era fatta allegrezza di una vittoria havuta del Re di Polonia Sigismondo primo contra lui. Et gli heretici in questo non dormirebbono. Il che è quanto posso dire per hora a V. S. Illma riserbandomi a mandarle compito conto delle spese fatte in questi viaggi, et nei poveri scolari primo che di qua io parta. Fra questo mezo per gratia mi ottenga una larga benedittione da Nostro Signore et alcuna commissione che si dia a diversi luoghi pii per orationi per l' anima mia, et per questi paesi. Et Dio conceda a V. S. Illma ogni bene. Amen. Dal campo del Re di Polonia sotto Plescovia il di X di ottobre 1581.

P. S. Mons. Illmo havendo tenuto questa insino a questa mattina nella quale parte il P. Giovanni Paolo Campano per venire secondo il disiderio del Gran Duca di Moscovia et di questo re a Roma io le dicò di havergli dato le lettere che scrive il Moscovito a Sua Santita colla patente per qualunque vorra mandare per l' avenire la Sede Apostolica, et l' altre che scrive a Vinitiani con altra patente per loro, altre per l'Imperatore con quelle ch' il figliuolo del Moscovito scrisse a Nostro Signore nelle quali amendue si obbligano alla lega contro il Turco.

Di piu porta il plico grande ch' io mando a Mons. di Massa, accioche a pieno informato delle cose di qua lo mandi per suo espresso a Vinetia.

Ma perche sono molte scritture, dalle quali la Sede Apostolica puo venire in luce del diritto che per confessione del Moscovito puo per servitio di Dio pretendere nella Livonia, et dalle quali si è pigliato gia ansa ad inclinare l'anima di questo re, a mandare, se Dio vorra, non molto dapoi a deferire et come prestare l'ubidienza alla Sede Apostolica dell' acquistato, pero non ho risparmiato di mandare quanto ho giudicato necessario se bene ritengo la scrittura Rutenica datami della Segreteria del Moscovito, perche nel ritrattare della pace fra questi Principi l'istesse scritture mi verranno forse a proposito.

Però perche V. S. Illma non si gravi dalla lettura di tutte coteste scritture bastera forse per la prima leggere il commentario latino ch' io mando delle cose da me scritte, vedute et trattate in Moscovia. Dapoi i particolari fogli, l' uno delle cose proposte a questo Re circa le cose della pace, et cio ch' egli mi rispuose. Oltre cio la lettera che per la posta con uno dei nostri interpreti ho mandato al Moscovito di consenso di questo re. L'altre cose di mano in mano con piu agio potranno leggersi da V. S. Illma secondo che si stimerà di ricapitare a Signori Vinitiani le lettere loro dirette,nelle quali converrà avertirgli che se bene pare in alcuna di loro che il Moscovito dica, ch'esso è contento di admettere ogni loro mercante, nondimeno questo non fu cosi proposto, ma egli usa di mostrare beneficio in quel ch'egli stesso significò di disiderar di riceverli. Bisognerà anco dir loro, che per quale si voglia parte vorranno quei Signori mandare in queste parti, per tutto in virtu della patente che loro si manda potranno venire, o per Astracano al mare Caspio, o per il mare Livonico, o per Polonia, percioche questo si ha a porsi fra gli articoli della pace di consenso di questo re stesso, o se altra via ci sia. Il pretesto poi della mercantia a quante cose della lega possa giovare et alla religione et con quel Principe, et co 'l Persiano è assai noto a V. S. Illma.

Finalmente con raccomandarmi di nuovo humilissimamente a V. S. Illma nelle sue orationi le dico che hoggi si aspettano altri pezzi di grossa artiglieria, con 700 scozzesi, i quali giunti si prepara uno sforzato assalto a questa città, poi che anco questo essercito è sforzato dalla rigorosissima stagione a pigliare risolutione o di partirsi, o di entrare in detta città. Dio Signor nostro si degni risparmiare il sangue christiano. In che ci adopreremo con l' aiuto suo, quanto sara possibile. Dal campo di Plescovia il di 12 di ottobre 1581. — Archives du Vatican, *Germ.*, 93, p. 252.

II

POSSEVINO AU CARDINAL DE CÔME.

20 octobre 1581.

Tutto cio che dalli XXII di luglio, insino al decimo giorno di questo mese Dio Signor nostro mi haveva fatto trattare in Moscovia con quel Principe, et con questo Re a cui io ritornai il V del presente, ho mandato a V. S. Illma pe' l P. Giovanni Paolo Campano di nostra compagnia con conditione che s' egli non potrà giungere a Roma, con huomo espresso il tutto si mandi a Mons. il Nuntio in Varsavia, onde si indirizzi subito costa.

In quello spaccio era un commentario da me scritto delle cose di Moscovia, et del modo di aiutarla, sicome per ordine di Nostro Signore V. S. Illma m' impuose; eranvi le cose proposte ad amendue questi Principi per la pace, per la lega, et per la promotione della religione, eravi l' ultima lettera da me con consenso di questo Re mandata per huomo espresso al Moscovito, acciochʼ esso inducendosi a mandar in un terzo luogo i suoi Ambasciatori io con quei di questo Re me ne ritorni in Moscovia, et trattata la cosa della pace, arrivi à quel Principe, come gli promisi, lasciandogli due di nostra compagnia appresso a questo fine, et perche andassero osservando tutte le vie per le quali potesse insinuarsi la religione catolica. Finalmente poi il P. Paolo con alcuni doni di zebellini che quel Principe mandava a Nostro Signore portava lettere per Sua Santità, patenti per tutti i legati, et persone che la Sede Apostolica mandasse mai in Moscovia; lettere et patenti simili a Signori Vinitiani et lettere all' Imperatore da me prima a questo Re communicate, et con suo consenso indirizzate alla Maesta Cesarea.

Or doppo quel decimo giorno, nel quale si spedi il P. Giovanni Paolo verso costà, se bene Sua Maesta et il S. Cancelliere, quasi ogni giorno mi hanno comunicato diverse cose, et bench' io disiderassi di potere cominciare ad attacare la pratica della pace co' l Re di Svetia, nondimeno il tempo non portò ch' io' l facessi prima della sera del XVII di questo, nella quale due hore si degno Sua Maestà di spender in udirmi, et ragionarmi di diverse cose.

Prima le comunicai l'alligata, ch' io scrivo al Re di Svetia, et concorse in questo ch' io la mandassi, se bene diceva, che gli pareva che prima si aspettasse la risolutione delle cose del Moscovito, ma si acquetò, dicendole io che quel re havrebbe giusta cagione di dolersi di me, et di alienarsi da Sua Santità apsettandosi doppo 'l fatto ad avisarlo. Supplicai Sua Maestà che dovendosi dare l' assalto a questa città risparmiasse in quanto si potesse il sangue innocente, et mi concedesse, che quando essa cadesse nelle sue mani, non lasciasse a guisa di preda distrarre un numero di giovini molto grande, de' quali disideravo fare scelta perche instituendosi in alcuni Seminarii si facesse seme per questa grande vigna : il che intieramente mi promise, se bene fin qui pare l' espugnatione di questa città difficilissima.

Dissi a Sua Maesta ch' havendomi fatto ricercar del mio parere circa la dispensatione di non resi-dere in Vilna, il Patritio, et il Folgevedrio che sta in Spagna, i quali citati alla residenza da Mons. il Vescovo di Vilna erano stati raccomandati dalla regina sua moglie a Sua Maesta, stimavo, che se pure voleva favorirgli in alcuna cosa, considerasse in che modo potrebbe darsi animo a quel giovine Prelato pieno di buon zelo, poiche il soler talhora i Principi interporre il loro favore contra il pro-gresso della riforma cagionava ch' i Prelati restas-sero senza animo di passare oltre, et di darsi poi a quella quiete la quale era accusata da medesimi che n' erano principale cagione. Pero Sua Maesta sapesse che dovendo quel Prelato andare a Varsavia ad ordinarsi dal S. Nuntio, amendue havrebbero potuto trattare colla regina, et renderla capace. Et Sua Maesta co' l mezo del S. Nuntio havrebbe conseguito quel che si fosse giudicato convenevole all' honore di Dio, et al rimanente.

Sua Maesta mi rispuose che havrebbe in modo scritto a quel Prelato, che non perdesse punto l' animo all' altre cose buone; si dolse dell' abuso anticamente introdotto in questo regno, che a Segretari Regii si provedesse di benefici, da quali era necessario per l' altro ufficio loro, che ne stessero lontani, aggiunse che bene sapeva che il Patritio senza i beneficii haveva tanto che piu che comodamente poteva vivere, ma che essendo necessaria l' opra di lui come di quell' altro in Ispania ai negocii della regina era come costretto a fare qualche ufficio.

Il restante del ragionamento si spese in procurare la liberatione di alcuni captivi Moscoviti, de quali uno è genero del Gran cancelliere di Moscovia, il quale me n'haveva ricercato, al che il re promise di acconsentir, et in raccomandare a Sua Maesta che si ponesse governatore catolico in questi suoi acquisti, il che asseverantemente mi haveva prima promesso il S. Cancelliere, il quale è generale dell' essercito. Et cosi il re mi diede speranza con altre parole assai pie, et finalmente in pregarlo che et pensasse di ritenere Vielchiluchi et alcune altre fortezze, le quali gli cedera il Moscovito et Sua Maesta pensava di commutare con alcune in Livonia, et insieme volesse pensare a mandare Ambasciatori che fossero catolici al Moscovito, altrimente il negotio presso Dio patirebbe et il fatto della religione che Sua Santita pretende di promuovere in Moscovia, mi sarebbe molto impedito, con veder i Moscoviti noi altri diversi in religione. Et cosi dissi a Sua Maesta ch' il S. Marssalio Radivilio sarebbe buono.

Il Re mostrò havere gusto del primo punto, et mi dimando varie cose di quelle che per haver trattato io le cose della pace potevo havere inteso. Et finalmente mostrò di restare persuaso che alla sua dignità, alla sicurezza delle cose prese, al tenere piede in Moscovia, il quale anco servisse a catolici per tener l' essercitio della religione catolica piu negli occhi de' Moscoviti, questo conveniva. Quanto poi al Marssalio Radivilio disse ch' era sordo, et che fra Lituani non era quasi alcuno catolico. Con tutto cio n' ho poi parlato co' l S. Cancelliere et si attende a pensare come questo potrà succedere, gia che non potra tardare molti giorni l' arrivo del nostro che mandammo a quel Principe.

Hieri giunsero alcuni pochi scozzesi per supplire il numero della fanteria, la quale non è molta, morendo massimamente gli Alemanni non avvezzi al patire in questi freddi.

Il Re sta con grave risentimento perche il Re di Svetia habbia posto tanto il piede nella Livonia la quale egli pretendeva di volere intieramente, massimamente che mi disse di averlo avertito che non ponesse la falce nell' altrui messe ; et resta alterato assai contra il Lorichio, il quale scrivendo a Sua Maesta per ottenere un salvocondutto accioche alcuni soldati germani potessero nelle navi del re di Svetia osservare Tomasso Severigeno che non passasse in Moscovia, si servi del detto passaporto per fare una lievata di $\frac{m}{2}$ Tedeschi, che traghettati in Livonia sotto la condutta del Ponto della Guardia generale del Re di Svetia hanno aiutato molto il progresso di quelle vittorie. Per tanto il negotio porterà seco intrichi, se aviene che il Moscovito si pacefichi con questo re, sensa cedere le sue pretensioni nella Livonia, et se le cedesse, la guerra seguirebbe assai probabilmente fra questi due re. Con tutto cio ho supplicato Sua Maesta che lasci prima trattare il negotio per via di accordo : che anco consideri ch' il Re di Svetia dee havere la dote della moglie, et altre cose, le quali gli anni adietro Sua Maesta stessa in parte mi disse doverglisi ; che poi l' espugnatione delle fortezze murate non riuscivano facilmente alla cavalleria Pollacca, et che questo potrebbe tirare seco un grande divertimento da migliori imprese, oltre che il Moscovito forse si slancierebbe contra tutti due allhora che gli vedesse in contesa. Aggiunsi che Sua Maesta poteva conoscere che le vittorie venivano da Dio et ch'essa, la quale haveva veduto, che non le era riuscito di havere tutta la Livonia intendeva parimente che come Dio haveva humiliato il Moscovito, poneva anco i termini alle vittorie di Sua Maesta, ne quando diceret manus nostra excelsa, et non Deus fecit hæc omnia; et che Dio haveva al Re di Svetiá dato quelle vittorie, per mostrare forse ad alcuni, i quali poco adietro, me udendo, sprezzavano il suo potere come impotente, che Dio in un momento può essaltare, et deprimere chiunque gli pare. Spero nella Divina Maesta che l' occasione di tali ragionamenti si come anco l'uno fatto Dominica a capi dell' essercito, di che mi pregò il S. Cancelliere, sveglierà alcuna piu interiore cognitione della volunta Divina in questi cori, i quali animai con mostrare loro che queste guerre di tre anni non erano tanto state fatte contra il Moscovito, ma perche apprendessero, quanto era facile il porre il piede nell' Asia, da cui non siamo lungi, se Dio vorrà che alcuna migliore impresa che si ordisce, si vada presto tessendo. Alle quali parole dicono che per l' essercito molti si rincorarono, et che il Re (si come mi riferi il S. Cancelliere) udendole, lagrimò di tenerezza. Piaccia a Dio Signor nostro, che guardando in se stesso solo, io non ritardi per i miei diffetti le sue misericordie. Amen.

Il S. Cancelliere dapoi mi disse assai instantamente che si provedesse di alcuni sacerdoti ungari per questo essercito, di che anco per ordine di questo re scrissi a V. S. Illma prima ch' io andassi in Moscovia, di che ne supplico humilissimamente V. S. Illma giachè con questa strada può ad un tempo aiutarsi l' Ungheria.

Il S. Cancelliere aspetta parimente da V. S. Illma alcune reliquie di S. Tomasso Apostolo poiche nella Russia, onde egli è nato fabrica una Chiesa in honore di quel santo, si come gia scrissi a V. S. Illma la quale l' obligherà assai.

Sono quattro giorni, ch' io ricevei la lettera di V. S. Illma delli 22 di luglio, alla quale vedrò di rispondere coll' esecutione poiche mi commanda ch' io procuri alcuna cosa dell' usurpate a quel povero giovine del Pallavicino, che fu ucciso dalli Moscoviti. In che farò l' ubidienza se bene dubito, che piu di danno avverrà a Tomasso Severigeno, che di profitto al Palavicino cioè al Padre del morto. Con che humilissimamente raccomandandomi all' orationi di V. S. Illma le prego ogni intera felicità. Dall' essercito del Re di Polonia sotto Plescovia, il di XX di ottobre 1581. — Archives du Vatican, *Germ.*, 93, p. 264.

III

POSSEVINO AU CARDINAL DE CÔME.

29 octobre 1581.

L'ultime mie, le quali ho da questo essercito scritte a V. S. Illma sono state delli XXIII del presente. Però potendo esser, che fra non multi giorni mi convenga ritornare al Moscovito, questa sarà per accompagnare i conti delle spese fatte in questa mia missione. I quali se bene ne da Sua Santita ne da V.S. Illma si ricercavano, ho pero pensato essere bene di seguire il mio costume in mandarglieli, potendo essere ch' in qualche occorrenza di rimandare persone in queste contrade si possa da loro trarre alcuna luce ; se bene noi altri molto piu havressimo spesi, se non si fosse nel vestire et nel cibo proceduto con ogni possibile parcità, stando noi i tre mesi anco senza dormire coi soliti modi, et se anco questi principi, i quali ci conoscono, et favoriscono, e i collegii, nei quali dimoravamo, et passavamo non ci havessero diminuito buona parte delle spese. Il che sia detto accioche non segua pregiuditio a chi essendo mandato in qua, o non fosse di nostra professione, o essendo, non havesse i sopradetti mezi, et sanità da Dio certamente concedutaci.

Pero oltre tutto cio, la principale cagione, per la quale mando questi conti, è per supplicar V. S. Illma che prima si degni leggerne almeno le tre prime sole carte, et ottenermi da Sua Santita pieno scarico di conscienza, se in alcuna cosa benche minima havessi ecceduto la volunta di Dio Signor nostro, o di Sua Santita anchor che non saprei dire, in che precisamente ne sentissi la conscienza gravata.

Supplico parimente V. S. Illma che per singolarissimo favore si degni farmi con una piena benedittione perdonare da Nostro Signore tutti i difetti da me commessi non tanto in questa, quanto in tutte l'altre missioni fatte a nome di cotesta Santa Sede, alle quali convenendo in negocii tanto ardui una perfettione Apostolica, la quale è molto lontana dalla mia debolezza, non vorrei se non guadagno, perdere alcuna di quelle vive unioni con Dio, senza le quali ogni altra cosa per apparente, et grande che sia non apporta quel gusto che possa satiare un' anima Christiana. Et questo (per dirlo con ogni riverente confidenza a V. S. Illma poiche penso che per l'amore che si è degnata portarmi, essa sia stata principale autore di si grandi missioni mie) fu quel che colle lagrime mi faceva da lei udire la deliberatione di mandarmi in Moscovia, non essendo fatica ne pericolo di corpo, che in alcuno modo me ne divertissero, ma solamente quella quiete di animo et sicurezza di conscienza, chè sogliamo havere quando siamo circondati dagli altri della vocatione nostra, et il sapere assai certo che a molti altri servi di Dio, et anco della compagnia nostra, quando fosse accaduta tale missione, sarebbe per la loro virtù seguito molto maggiore honore di Dio.

Finalmente io quanto posso supplico con ogni

riverenza V. S. Illma che mi procuri per intiero beneficio da Nostro Signore che almeno una volta nella sua messa mi offerisca a Dio Signor nostro acciochè quel che resta di questi negocii ingiuntimi si finisca a sua gloria, et io possa nella mia morte divenire pienamente partecipe del sangue di che per noi lo sparse.

Il che anco facendo V. S. Illma nei suoi Santi Sacrifici raddoppierà in me uno eterno obbligo, che et in questa, et nell' altra vita le havrò supplicandola a farmi dare risposta con due righe tanto circa i detti conti, quanto circa le dette mie petitioni. Et Dio Signor nostro accresca in V. S. Illma ogni sua beata grazia. Dal campo del Re di Polonia sotto Plescovia, il di XXIX di ottobre 1581.

Questi ultimi giorni si è atteso a fare la batteria ad una punta della città, per vedere se ci si puo piantare l'artiglieria et batterla piu interiormente. Il che fin qui pare difficile. Et ogni giorno alcuni muoiono con diverse scorrerie, et coll' artiglieria che quei di dentro non cessano di tirare qualhora si scuopre alcuno.

Sua Maesta mi ha doppo scritta questa mostrato un grande disiderio che Sua Santita si contentasse di porre un seminario in Transilvania dicendo ch'esso ha assegnato 20 fiorini per bocca a diversi nobili, i quali con questo vivono a sufficienza, vestendosi da loro, et in questo proposito mi parlò molto particolarmente della grande abondanza colla quale in quel paese si viveva, dal che si raccolse se con 20 fiorini l'anno coloro che tengono a dozzina guadagnavano, forse con piu essatta economia con meno si farebbe. Di piu disse, che se con alcuna limosina si invitassero i poveri alle scuole del collegio nostro già si spoglierebbono quelle degli heretici in un momento o certo assai presto. Mi rimostrò poi il suo disiderio ch'in Transilvania fosse alcuno vescovo per creare sacerdoti, et promuovergli et discese in questo che sarebbe bene quando cosi a Sua Santita piacesse, che un Nuntio Vescovo andasse la à dar questo principio, percioche, et questo apporterebbe onore et stabilità al giovine Vaivoda, di che Sua Maesta ne resterebbe con qualche particolare obligo a Sua Santita et si spianerebbe la strada a lasciarvi Vescovo residente, il che al primo colpo non riuscirebbe per non fare strepito con quella nobilta, et forse per non dare suspetto troppo evidente al Turco. Pero Sua Santita forse giudicherà di mandare alcuna persona molto destra et senza grande apparato, et piu tosto segretamente che altrimente. Il che quando si deliberasse, V. S. Illma si degnerà di considerare se sarà bene di scriverne prima a questo re, accioche di Cracovia per strada sicura il detto Vescovo Nuntio si incaminasse con persona et lettere di questa Maesta. — Archives du Vatican, *Germ.*, 93, p. 287.

IV

COMPTES ENVOYÉS PAR POSSEVINO AU CARDINAL DE CÔME.

30 octobre 1581.

Ratio accepti a Summo Pontifice Gregorio XIII et expensi, pro missione Moscovitica, et pro aliis quibusdam rebus piis.

Acceptum.

Inprimis ejus Sanctitatis mandato ante festum Paschatis resurrectionis anni 1581 tria millia aureorum nummorum ; tam pro itinere, quam pro adjuvandis pauperibus scholasticis variarum regionum, ac præcipue septentrionalium.

Datum sive Expensum.

Pro pauperibus quidem hactenus variis in locis reliqui ea quæ sequuntur :

1. Graecii Rmo D. Germanico Nuntio aurei nummi italici 240

2. Graecii P. Provinciali Austriæ ut P. Rectori Olomucensi afferret, cum Olomucium esset iturus 200

3. Viennæ P. Joanni Rectori ejus collegii . 200

4. Pragæ P. Alexandro Woit Prorectori collegii Pragensis, adnumeratis quinque talleris traditis custodi domus pauperum alumnorum qui sunt Pragæ in domo a seminario Pontificis distincta. 187

5. P. Bonaventuræ de Notariis guardiano Sanctæ Margaritæ Villaci, et Mario Frisingero medico catholico, qui duo pene soli catholici in ea civitate quæ caput est Carinthiæ, et catholicorum pauperum promovendorum aliquam curam susceperunt, cum et item pro nostro comitatu excipiendo, et alendo expendissent aliqua. 19

6. Pro paupere adolescente, qui fuit primitiæ Villacensis vineæ mittendo ad studia Græcium cum illuc transirem 1

7. Pro Leonardo Hartmanno Regiomontano alumno, qui a suis aufugerat, ut catholice viveret et in numerum alumnorum Græcensium admissus fuerat 24

8. Udalrico Saxoni misso ex collegio germanico Græcium vel Olomucium jubente ita nomine Summi Pontificis Illmo Cardinali Madrucio antequam Roma discederem 10

Summus item Pontifex petenti mihi ab ejus Sanctitate die Paschatis hujus anni 1581, cum ab ea dimitterer, ut mihi ad 50 aureos nummos liceret expendere in libros pios, quos in itinere per varia loca disseminarem concessit, quos quidem, ac multo plures ex alia pecunia expendi 50

Pro tribus Synodi Florentinæ, græce editis, libris pulchre compingendis, quorum unum Magno Moscoviæ Duci ejus Sanctitas mittebat 9

Dati Romæ P. Emerico Forslero, ut ex Provincia Rheni P. Richardus evocaretur, collegio Brunensi in Moravia sufficeretur in locum P. Joannis Pauli

Campani, qui mihi, Summo Pontifice mandante, assignatus fuit socius missionis in Moscoviam. 25

Pro decem equis conductitiis tam pro Moschis, quam pro nobis omnibus proque aliquibus interdum conductis, quibus sarcinæ Moscorum advehebantur, Roma Bononiam usque ; tum item pro tribus curribus Bononia usque Ferrariam cum ejus Sanctitas mihi annuisset ne pro tam parvo sumptu prætermitterem eos Venetias usque adducere ; deinde pro legati Illmi Bononiensis variis ministris pecunia aliqua donatis, quod de Moscis conquerebantur 40

Pro paliis duobus, vesteque nigri panni interiore, pari tibialium, valisia nova, et alterius refectione, quatuor vestibus brevibus, id est tribus ex tela nigra quæ non erant novæ, et quarta ex sargia, et pulvinaribus, valisiis subjiciendis ex corio, denique pro aliquibus rosariis, imaginibus et crucibus parvulis æneis 37-71

Pompeio Pio Bononiensi qui variis in rebus et negociis Romæ expediendis inservivit per tres fere menses quibus postremo fui Romæ cum ageretur de me in Svetiam et Moscoviam remittendo . 7

Pro equis Venzona Græcium usque Stiriæ metropolim conductis, eorumque per duos certos homines remissione qui propterea et ipsi conducti fuerunt 22

Pro conducto curru Græcio usque Viennam. 16

Pro conducto curru Vienna usque Pragam. 11-35

Pro curru, quo vectus est Bruna Viennam P. Joannes Paulus Campanus una cum Andrea Modestino, qui mecum in Moscoviam erant destinati . . 6-75

Pro emptis quattuor equis Hungaricis Pragæ, et curru coriaco ut pluviis ,ac tam longo itineri posset resistere 162-40

Pro conducto altero curru Pragæ Wratislaviam usque, cum unus currus primum quinque personis, deinde Aurigæ et ejus adjutori alteri, ac sarcinis nostris, iisque rebus quæ currui, et equis sunt necessariæ nulla ratione in tanto itinere sufficere posset 10-90

Vratislaviæ pro altero curru simpliciore empto cum quatuor equis per R. D. Jerinum, nostro quidem nomine, ac pecunia, cum perdifficile, maximo cum sumptu inveniri potuissent aurigæ, qui conducti certa pensione partem personarum ac sarcinarum ad Moscoviæ fines advexissent . . . 96

Pro curru, quem nostri de Societate conduxerunt Brunsberga Vilnam, ut inde nobis valisiam satis magnam mitterent, cum majore parte paramentorum altaris, quæ vel Summus Pontifex nobis secundo cum iremus in Svetiam, dono dedit, vel nos parari curabamus. Sic enim (uti reipsa compertum est) nulla alia re Moscos allicere vel rapere in Divini cultus quem catholici exercent admirationem, quam ea ratione poteramus, cum ipsi in suo cultu reverentissime se gerant 12

Si recte memini aut 11 aut 12 aureos diffudi.

Nam et propterea Venetiis quædam ad sacellum ornandum necessaria, quæ apud nos sunt, ac partim nostris reliquimus euntibus in civitatem Moscoviam, emimus vela aurea, et serica diversi coloris pro 40

Pro duobus equis ad collassam sive currum cum tracturis, qui ferendis rotis si quæ alios currus in itinere deficerent, et avena, ac pane biscocto, et cibo, cum hospitia Vilna usque in Moscoviam non inveniantur 14

Pro collassa cum 4 rotis ferratis, ac pro duabus aliis rotis ferratis emptis a Majore domus D. Nuncii Caligarii nobiscum vehendis. 9-35

Loco imaginis cum argento, quam mihi ejus Sanctitas donandam Mosco dedit, quoniam propter depictas in ea imagines pueri Jesu nudas et D. Joannis Baptistæ, quas Mosci nolunt admittere quasi pietatem nuditas illa dedeceat, dedi Agnum Dei magnum cum argento et auro quem Romæ emeram: imago vero Summi Pontificis servatur alteri Principi, vel ubi ejus Sanctitas videbitur, reliquenda 35

Pro agno Dei auro incluso allato ad magnum

Moscoviæ Cancellarium, cum nihil ei fuisset missum a Summo Pontifice 8

Pro duobus nobilibus Rutenis, quos pernecessario nobiscum debuimus adducere, Rege Sermo Poloniæ et D. Cancellario consentientibus, ut uterque posset pro interprete inservire et alter eorum ad regem mitti, primo pro vestibus, deinde pro aliqua pecunia eis data, denique pro aliquibus pellibus quibus vestes subduxerunt adveniente frigore. 70

Sed et erit iis danda alia in 2° hoc reditu, cum eorum opera sit fidelissima, labor autem scribendo, currendo hinc in Moscoviam iterum, et interpretando sit plusquam cogitari possit magnus.

Duobus Mosci Interpretibus, ut fidelem operam in vertendis nostris, quæ nolebat dux primo a nostris interpretibus versa accipere, fidelem navarent operam, et quia eorum alter per 2 menses multis in rebus eundo, redeundo, commorando inserviret 13

Pro Basilio Rhibun, et altero Cosacorum Duce

qui nos Polocia ad fines usque Moscoviæ per avia loca deduxere circiter 12

1. Universa igitur supputata summa majorum expensarum fuit. 1596-1

2. Restat summa sumptuum in hospitiis, et in castris Regiis a 27 Martii usque ad Moscoviæ fines ad diem 4 Augusti qua eo pervenimus factorum, deinde item aliquarum rerum in itinere per Moscoviam nobis necessario emptarum, quæ summa ascendit usque ad 528-12

Hæc vero est in sequentibus foliis quæ vel afferam vel mittam, ubi erunt melius descripta.

3. Sciendum est nos quidem aureum nummum pro undecim juliis cum dimidio posuisse, cum tamen paucos aliquos Romæ pro undecim et 8 bajochis expenderimus, sed postea in itinere sæpe minoris quam undecim juliis et dimidio valuerunt. Itaque posset esse aliqua varietas, sed difficile fuisset illa minuta sine maximo labore subducere.

4. Restat in nostris manibus ex ipsa pecunia

Pontificia distribuenda pauperibus studiosis, et aliquibus rebus pro Rutenis imprimendis ac denique nisi alia ratione commode possemus, pro itineribus vel reditu, si ita Deus voluerit, conficiendo . 966

5. Restat item in manibus exsculpta corniola cum resurrectione Domini, quam dedit Summus Pontifex, quæ, sine aliquo alio ornamento non fuit judicatum ut daretur Magno Duci Moscoviæ. Item parvum rosarium ex iis quæ dedit Summus Pontifex, quæ omnia pro ejus Sanctitatis voluntate disponentur.

6. Sciendum me P. Paulo Campano Romam venturo duos equos Hungaricos dedisse cum alii 2 defecissent in itinere; duos item quos Vilnæ emimus cum simpliciore curru, quem Vratislaviæ emeramus, itemque 2 parvulos equos pro collassa quæ vehebat avenam pro equis et cibum ex castris usque Vilnam. Quarum rerum, nisi Romam iverit, rationem sic se habiturum promisit, ut pecuniam quæ inde eximi possit colligat in usum pauperum scholasticorum aut in libros pios distribuendam, nisi aliud ejus Sanctitas jusserit,

Nam ille viaticum tam in pecunia, quam in pellibus sebellinis habuit quo iter ad Pontificem Maximum a Mosco, ita eo cupiente, posset conficere.

7. Quoniam vero in summa duorum millium aureorum nummorum, qui mihi summi Pontificis nomine Venetiis persoluti sunt, declinavi mercatorum permutationem eamque pecuniam non solum mecum attuli, verum et in tota summa lucratus sum circiter 17 aureos nummos, quod aurum plus Venetiis quam Romæ valebat, propterea ex eo quod lucratus sum impendi in responsiones quasdam pro Svetia imprimendas nomine P. Nicolai Milonis Vilnæ editas, et in libellum quemdam qui modo edendus est de erroribus Ruthenorum quibusdam.

8. Quidquid autem ex iis equis et curru, quos ex pecunia Pontificis Maximi emimus et quæ adhuc apud me sunt, si valuerint, exigi poterit, id in pauperes scholasticos, vel ad disseminandos libros poterit distribui, nisi aliud videbitur ejus Sanctitati.

Sciendum denique me quidem plura expendisse, quæ in superioribus rationibus adnumerata non sunt, donec scirem mentem ejus Sanctitatis cum a Mosco quæ nobis fuissent data inceperim ea expendere, uti et nunc facio, relictis plusquam centum numis aureis ipsis Pristavis et aliis qui nobis inserviverant, nam ut illis omnino daretur bona pecuniæ summa Cancellarius Moscoviæ nos moneri curaverat (cum nos id vitare vellemus) cumque significasset a magno Duce nobis dandam esse pecuniam ut aliqua ex parte huic rei satisfaceremur.

Præterea cum centum et viginti talleros eis reliquerimus quos in Moscovia reliquimus ex nostra societate,

Deinde pro vestibus et multis aliis rebus in hoc maximo frigore, proque variis sumptibus quos quotidie fecimus in exercitu, ubi omnia sunt valde cara, multam pecuniam expendimus, cum et in reditu futuro in Moscoviam, atque inde postea reversuris facile intelligi possit tanto in itinere necessario impendi plusquam facile cogitari posset. — Archives du Vatican, *Germ.*, 93, p. 290.

V

POSSEVINO A MGR BOLOGNETTI, NONCE DE POLOGNE.

6 novembre 1581.

Sono cinque o sei giorni, ch' io scrissi a V.S.Rma mandandole alcun plico per Mons. Illmo il S. Cardinale di Como. Hora questa sarà per dirle sommariamente che havendo questo Re Sermo risoluto di ritirarsi fra dieci o 12 giorni a Vilna, ove possa a bisogni del regno, alle cose della futura dieta, che o colla sua presentia o senza si farà in Varsavia alli VIII di Marzo dell' 82 et alle cose della guerra, se la pace non seguisse, trovarsi piu vicino, lascierà co'l nervo dell' essercito in questo contorno il S. Cancelliere, et con otto grossi pezzi di artiglieria, et oltre cio con plenipotenza per trattare la pace, et trovarsi forse insieme con noi altri, quando questa si conchiudesse. Io non havendo potuto ottenere il S. Maresciallo piu attempato per essere indisposto, spero che conseguiro il S. Maresciallo giovine suo fratello cio è il S. Alberto Radivilio, perche a nome della Lituania si trovi al negociare questa pace, et cosi Dio aiutante schiveremo l'intervento di Ambasciatore heretico, promettendomisi gli altri due che saranno Pollacchi dovere parimente essere catolici.

Qui si tentò la batteria ultimamente con questa citta, et di quella il fratello del governatore di Plescovia restò con alcuni pochi morto. Però havendo quei di dentro con gabioni fatto una fortissima retirata, non si tentò pure di spuntare piu oltre, si per difetto di polvere, si per non porre a rischio piu persone, et anco perche pure pare che questo Re Sermo persuaso dalla verità, et gustando alla giornata piu il corso della providenza di Dio sia per temperare il suo disiderio in questa parte, quando possa assicurarsi del Moscovito, et volgera i suoi disegni a cose di piu sicura dignità, et conscienza. Cosi l'artiglieria in queste due notti passate si è dalle trincee ridotta qua nell' essercito, et noi stiamo di punto in punto aspettando quel nostro che al Moscovito da questo campo per conto della pace gli rimandai, havendo di Porcovia fortezza fra Novoguardia et questa citta scritto un capitano Haraburda a questo re (anchorch' egli non sia in Porcovia per essere ella de' Moscoviti) che haveva preso due Moscoviti, i quali dicevano ch' il Moscovito mi mandava quel nostro per la via di Vielchiluchi, dove quanto posso (come anco in altri luoghi) vo procurando che si pongano sacerdoti catolici giache altrimente poco profitto faremo se si lascia che quelle piazze sieno prima occupate da ministri heretici, come finalmente si farà, se non ci si mette del buono. Il che ho voluto significare a V. S. Rma acciochè pe 'l carico suo colla destrezza che Dio le ha communicato possa con raccomandare efficacemente questo negotio a Sua Maesta promuoverlo da dovero.

Qui anco si è detto ch' è morto l'Arcivescovo di Leopoli seconda dignita ecclesiastica di questo regno.Et percioche tre sono in predicamento in cotesto regno di essere nelle prime vacanze promossi a tali dignità, il S. Luca Podoschi, il S. Goslicio, il S. Solicovio, tutti tre catolici et persone honorate,et perche di tutti questi tre si intende quasi per guidicio de' migliori ch' il S. Solicovio ch' è Reggente della cancelleria, et sacerdote buono et sincero sarebbe atto più degli altri a quel grado, et il S. Cancelliere m' ha detto che inclinava piu a questo, ma che temendo di non so che nota da parte della madre dubitarebbe se non si promovesse da alquanti buoni (come facilmente si farebbe) nei comitii, che potrebbe havere qualche ripulsa o nota, pero ho voluto di buon hora farne parte a V. S.Rma perche con quel lume, il quale io spero che Dio Signor nostro le comunicherà possa co' l Re Sermo se verrà a salutarlo tessere questa et l'altre tele pertinenti alla legatione di V. S. Rma, aggiungendoli ch' essendo io stimolato a fare qualche ufficio per questo negocio, ne io volentieri ingerendomi dove affatto non sento alcuno vivo segno della voluntà di Dio, andai pensando ch' il S. Solicovio per esser stato instrumento del Re in fare che la citta di Riga gli si rendesse, et per sapere egli la lingua tedesca, oltre la Pollacca pareva che potesse essere a proposito per essere eletto Arcivescovo di Riga, accioche vi guadagnassimo quell' Arcivescovato nella Livonia et conseguentemente ponendovisi il piede dentro, si attendesse al rimanente, in che havendo io allegato al S. Cancelliere che anco questo gioverebbe a fortificare le ragioni del Re in Livonia contra ogni altro etc. et che i Senatori Lituani havendo veduto ch' il Moscovito opponeva al Re che la Livonia non apparteneva al re, ma al Papa, che faceva gli Arcivescovi et Vescovi di Livonia, non havrebbono ricalcitrato, si come forse anco la città di Riga fatto non havrebbe quando le si fosse persuaso che questo conveniva per lievarla dalla caduta nelle mani del Moscovito, che la sopradetta ragione haveva allegato. Mi rispuose il S. Cancelliere, che alcune difficoltà erano al presente per non tentarsi questo, anchorche mi confortò ch' io ne parlassi al Re come forse presto farò. Le difficoltà poi erano che non era onde assegnare rendita a quell' Arcivescovo et che i nobili gia ragionando, o loro in Livonia proponendosi che piu tosto adheriscano al Re di Svecia come quasi Tedesco, che a Lituani o Pollacchi, havrebbono questa ragione di piu per muovere gli huomini di Riga a seditione se loro si dicesse che loro si vuole togliere la religione (se religione dee chiamarsi l'heresia di Lutero).

Non mancai anco di suggerire quanto gloriosa, et ferma cosa sarebbe se in questo paese guadagnato dal Re ch' è un gran tratto si creasse alcun Vescovo. Il che anco sia detto a V. S. Rma la quale battendo questo ferro coll' authorita et gratià che Dio Signor nostro le dara spero che aumentera le corone che Christo Signor nostro ha meritato a chi si impiega seriamente in questi fatti. Hor potendo essere che a V. S. Rma capitino mie lettere mentre sarò in Moscovia la prego di farle raccomandare in Vilna à nostri che le ritengono insino al mio ritorno, se cosi sarà la voluntà Divina.

Raccomando anco con tutto l'animo l'alligate pe'l S. Nuntio ch' è alla corte dell' Imperatore come fo principalmente l'altre per Roma. Et se a V. S. Rma parrà mandare questa stessa a Mons. Illmo di Como, gia che molto succintamente gli scrivo di quel che propriamente tocca a V. S. Rma me ne rimetto a lei, alle cui orationi sempre con tutto l'animo mi raccomando pregándole da Dio Signor nostro eterni et pieni beni. Dall' essercito del Re sotto Plescovia il di VI di Novembre 1581. — Archives du Vatican, *Germ.*, 93, p. 297.

VI

POSSEVINO AU CARDINAL DE CÔME.

7 novembre 1581.

Scrissi la settimana passata a V. S. Illma quanto fin a quell' hora era passato. Questa scrivo più per non lasciare passare l'occasione di chi va a Varsavia dirittamente che perche fusse affatto necessario. Stiamo di giorno in giorno aspettando quel nostro che si mandò in Moscovia, il quale si rimandava dal gràn Duca per la via di Vielchiluchi, per quanto è stato scritto a questo Re. Fra tanto sendosi fatta una nuova batteria non hebbe la cosa successo, havendo i Moscoviti eccitata una forte trincea di dentro piu difficile da espugnarsi che le mura istessa. Mori però il fratello del governatore di Plescovia con alcuni pochi Moscoviti. Cosi queste tre notti si sono ritirati quasi tutte l' artiglierie dalle trincee dal Re, per incaminarle in luogo securo, anchor che il S. Cancelliere, che mi ha detto dovere restare con la maggior parte dell' essercito n' havrà otto canoni.

Il difetto della polvere, et altre cose simili sono le cagioni alle quali si attribuisce questo interrompimento delle solite vittorie. Ma piacesse a Dio che sua Maesta havesse accettato le conditioni che portammo, poi che forse si vorranno, ne si potranno havere, havendo et da fuggitivi et dal successo delle cose occasione il Moscovito di andare allentando le sue offerte. Il Re poi pensa di partire fra dieci giorni verso Vilna. I comitii si intimeranno in Varsavia alli VIII di Marzo del seguente anno. In Livonia alcuni nobili fanno pratica per aderire piu tosto al Re di Svecia; che a queste parti del Re. Nel resto mi rimetto a quelle scritture latine che da me a questo Re si propuosero subito quando io venni di Moscovia, percioche quell' istesse cose hanno havuto in parte l' evento che si temeva all' hora. Hoggi è venuto aviso di qui sette leghe, come sono stati uccisi cento Tedeschi, et il nipote del Duca di Curlandia tutti heretici da Moscoviti, mentre quelli assalivano una piccola fortezza detta Prisgiari, alla quale si era la settimana passata mandato il colonnello Allamanno con 600 soldati per oppugnarla. Il che è quanto passa in questo proposito.

Per dovere essere la Maesta del Re vicino alla Livonia, et perche dimando operarii per Riga et per altre parti, et per che la nostra provincia di Polonia è assai tenera et bisognosa di gente mi si offeriva un pensiero, di cui gia nella seconda mia andata in Svetia scrissi a V. S. Illma cio è che se si potessero havere alcuni Alunni del collegio Germanico per Riga et quel contorno, si andrebbe pigliando piede piu dentro. Et potrebbono indirizzarsi da nostri. Altrimente non veggo come di giorno in giorno non si perda piu tosto ch' altrimente. Et l'haver questo Re, che almeno ci lascierebbe fare tali cose, alle quali i secolari non sogliono porre facilmente le mani, è di qualche consideratione. Con che humilissimamente mi raccomando all' orationi di V.

S. Illma pregandole ogni felicità. Dall' essercito del Re di Polonia sotto Plescovia, il di VII di novembre 1581. — Archives du Vatican, *Germ.*, 93, p. 302.

VII

POSSEVINO AU CARDINAL DE CÔME.

13 novembre 1581.

Scrissi la settimana passata a V. S. Illma fra l' altre cose, che colui ch' io havevo mandato al grande Duca di Moscovia, era giunto in Novoguardia lungi di qui 200 miglia Italiane a cui si come ad uno internuncio di quel Principe Sua Maesta haveva mandato incontro perche sicuramente pervenissero a questo essercito. Dapoi ritornò tre giorni sono un' altro ch' io havevo mandato al Palatino di Novoguardia con altre lettere ch' io scriveva al gran Duca, delle quali mandai la copia a V. S. Illma. Riferi costui al Re come era stato benissimo trattato da Moscoviti et come eglino restavano edificati di questa piccola opra nostra, la quale si impiegava con qualche diligenza nel procurar i mezi della pace disiderata dal principe loro. Dio Signor nostro ne cavi la sua gloria. Amen.

Tre giorni sono che la Maesta di questo Re mi tenne da due grosse hore seco, facendomi dare una lettera, la quale in quel punto arrivò mandatami dal Palatino di Novoguardia : il cui tenore era del mio primo mandato al Moscovito, come era arrivato in quel giorno che haveva mandato di qui l'altro, et come subito esso haveva mandato il secondo mio spaccio al suo Principe.

In quel ragionamento co 'l rè si trattò di due punti principali per conto della pace, dai quali, si come anco dalla risposta fattami da Sua Maesta V. S. Illma potrà comprendere alcuni particolari che cosi distintamente non si erano forse intesi finhora.

Fra questo mezo il predicatore de' luterani soldati che sono in questo campo mi è venuto a trovare, dicendomi essere risoluto di volere essere catolico, et hora si attende a confirmarlo et a pensare alle migliori strade, colle quali segua senza disturbo o edificatione nell' essercito, o compita esecutione, al ritirarsi in porto, in che non si risparmierà ogni debito aiuto, piacendo forse a Dio Signor nostro piu la vittoria ch' esso solo ha di quest' anima, che se Plescovia quanto alle mura fosse stata presa.

Oltre cio, qui trovai alcuni capitani Italiani all' uno de' quali nominato il Capitano Andrea Pugliese, che haveva una compagnia in Polozco essendo stata lievata da una artiglieria un piede sotto questa città, Dio è stato servito che non solo si sia ridotto alla fede catolica dalla quale era lontano, ma anco habbia da noi altri ricevuto tutti i santi sacramenti et hora sta in transito. Ma perche il Palatino di Polozco è heretico, ho supplicato questo rè che voglia dare quella compagnia ad un capitano Ger. Mora che gia stava con Sua Maesta et per alcuni mesi è stato osservato essersi portato non solo catolicamente ma anco riverentemente verso la Santa Sede Apostolica, et perche anco fu da Mons. Bertinoro (come Sua Maesta mi disse) raccomandato io ho pensato di promuove lo, vedendo che questo ingegno aiutato con amore potra essere di qualche segnalato servitio a Dio, intendendosi anco delle fortificationi. Però scrivendo egli a V. S. Illma io la supplico con ogni humiltà quanto posso, che si degni rispondergli due parole animandolo a perseverare in questo buon proposito, et la lettera potra mandarsi a Mons. Rmo Nuntio. Et V. S. Illma si degni credermi che in queste parti fa maggiore effetto una simile lettera, che se molti fatti costi si facessero a beneficare simili ingegni.

Con questo resto humilissimamente raccomandandomi alle sue orationi et Santi Sacrifici. Et Dio Signor nostro in eterno le accresca le sue santissime grazie.

Dall' essercito del Re di Polonia sotto Plescovia, il di XIII Novembre 1581. — Archives du Vatican, *Germ.*, 93, p. 320.

VIII

POSSEVINO AU CARDINAL DE CÔME.

15 novembre 1581.

Hieri giunse quel corriere o Interprete nostro, il quale inanti cinque settimane io mandai al Gran Duca di Moscovia, il quale mi scrive quel che nell' alligata copia vedra V. S. Illma. Questo fece che hieri spesi tutto il doppo pranzo con questa Maesta et co'l S. Cancelliere ch'era presente, et Sua Maesta si risolse di rimandare subito il salvocondotto agli Ambasciatori del Moscovito, et di comandare che si preparasse in quel luogo dove andremo cogli Ambasciatori del re quel che sarà necessario per la sicurezza et per il vivere di tutti, solendo venire quegli Ambasciatori con servidori et gentilhuomini a centinaia. Ripregai Sua Maesta che non mandasse altri che catolici Ambasciatori dalla sua parte, il che ho speranza di conseguire. Si stese poi il ragionamento fra molte cose, che potevano temperargli il disiderio di procedere piu oltre in questa guerra, alle cose del Re di Svecia, allegandogli io quel che il Re di Svecia pretendeva per le sue ragioni, se bene io ne tacqui una che a suo tempo forse si dirà, la quale è ch'egli pretende che la Lituania non potesse unirsi al regno di Polonia in pregiuditio de leggitimi heredi, de quali pensa nissuno essere piu vero et piu propinquo di suo figliuolo. Le ragioni poi sono della dote che dee havere per la moglie, di $\frac{m}{120}$ talleri, che prestò sopra certe fortezze in Livonia a Sigismondo Augusto, del non havere parte dell'artiglierie, et preda che si fece sotto Venda in Livonia, quando gia due anni sono havendo questo re vittoria contro il Moscovito con aiuto delle genti del Re di Svecia, non gli fu comunicata parte delle spoglie, et finalmente di quel che per conto della moglie pretende havere da questo regno per testamento fatto da Sigismondo Augusto. Tutto questo dissi a Sua Maesta per indurlo a trattare per via pacifica co'l Re di Svetia poiche altri disegni havevo scuoperto, i quali tenderebbono a spargimento di sangue senza forse alcuno profitto. Al fine Sua Maesta trovo bene ch'io ritornassi a scrivere al Re di Svetia, et mandassi lettere subito al S. Ponto della Guardia accioche in tempo fosse avisato, se haveva a significarmi cosa in servitio del re suo inanti che ci abboccassimo con gli Ambasciatori del Moscovito. V. S. Illma intendera poi piu distintamente quanto era spediente che si facessero questi uffici, et che costi si sapessero; poiche tutto serve di catena et occasione per insinuare la religione catolica et tenere questi Principi con tutti i modi possibili riconoscitori di quel legame, il quale debbono havere con cotesta Santa Sede.

Hoggi colla Divina gratia mi sforzero di tentare qualche suspensione di armi almeno fra questa città, et l'essercito del Re: accioche con questo Internuntio del Moscovito io possa rispondere con qualche fatto a beneficio di quel Principe.

Piacera a V. S. Illma raccomandarci à Dio

Signor nostro, il quale prego con tutto l'animo che le conceda ogni bene. Dal campo del Re di Polonia, il di XV di novembre 1581. — Archives du Vatican. *Germ.*, 93, p. 332.

IX

POSSEVINO AU CARDINAL DE CÔME.

17 novembre 1581.

Sono tre giorni ch' io avisai V. S. Illma dell' arrivo del mio mandato al Moscovito, et ritornato a questo essercito doppo cinque settimane ch'io lo mandai. La risposta che mi fece il Moscovito mandai a V. S. Illma la quale rimando per piu sicurezza. Quel che il Re per risposta delle sue gli risponde et quel che parimente io con consenso di questo re, et del suo Senato gli scrivo intenderà Nostro Signore et V. S. Illma dalle aggiunte copie. Hieri, et hieri l'altro stetti a lungo con questa Maesta et co'l S. Cancelliere per conto della risolutione di questo negotio et due volte anco (havendolo prima anchor fatto altre volte) venne alla vista di questo essercito a trovarmi il S. Cancelliere si come dal Re hieri parimente mi fù mandato l'Internuncio del Moscovito, il quale si ricevette con segni di amore, havendomi il S. Cancelliere mandato diversi rinfrescamenti per honorarlo. Pare che quando altro non si guadagnasse, si guadagni almeno con tali occasioni la confirmatione di molti catolici et la conversione come mi viene detto di molti heretici vedendosi riferire da cosi grandi Principi al petto di Sua Santita le loro differenze et consigli con piena confidenza. Ma quel che da hieri in qua mi da piu interna consolatione è che coll'occasione che si ha di ragionare con amendue il Re et il S. Cancelliere Dio si è degnato darci tanto efficaci ragioni per animarlo ad abbracciare la propria cura del suo regno in quello che piu importa, che se i miei peccati non impediscono, spero che Sua Santita di questa missione co'l mezo delle sue orationi trarra qualche frutto. Hieri con riverente libertà parve che Dio Signor nostro (non havendovi io pure pensato) mi facesse dire a Sua Maesta cose alle quali lagrimò, delle quali, tra gli altri, toccai questi tre punti : il primo che Dio gli parlava coi fatti questo anno, accioche discendesse ad una honesta pace, poiche haveva da lui tolto, et nel re di Svetia divertito le vittorie, pero a questi ragionamenti di Dio bisognava rispondere con fatti, et aspettare a proprii desiderii che concorresse la maturità della dispositione Divina, altrimente ogni cosa anderebbe in fumo. Il 2° punto fu, che Carlo Quinto mentre volle abbracciare l'Africa perdette la Germania et l'Hungheria, alle quali come a proprie provincie doveva amministrare presente governo, et vigilanza, che percio era Imperatore. Il 3° che qualunque il Re di Svecia non era affatto catolico gli haveva pero fatto cadere nelle mani quelle fortezze in Livonia a cui il pigliarle sarebbe molto difficile, fin ch' il regno di Polonia in effetto gli restituisse il suo : essendo che a tutti la giustitia Divina distribuisce secondo la debita misura di quel che si merita o demerita. Or a queste cose (lasciando molte altre) chiamo due volte in testimonio Dio che non pretendeva prima di fare altro co'l Moscovito, che di allontanarlo da Lituania, la quale presa sarebbe pervenuto in Prussia, et in Germania. Del Re di Svetia parlò poi assai temperatamente, et al mio ripregarlo ch 'in nissuno modo conveniva che mandasse Ambasciatori heretici in questa legatione del Moscovito, percioche oltre le dissensioni della religione che con me nascerebbono con scandalo de Moscoviti, Dio non assisterebbe a cosi sproportionati instrumenti, Sua Maesta mostrando di riconoscere il medesimo et allegandomi molte difficoltà che havrebbe in questo per mancamento delle persone catoliche et idonee, finalmente mi ripromise che havrebbe ogni consideratione in quel che detto gli si era, al che con molta sincerità m 'accorsi che il S. Cancelliere togliendo le difficoltà porse particulare aiuto. Io poi per consenso di questo re riscrivero al Re di Svecia piu per sodisfare al debito ufficio, et per precidergli ogni querela, se avenisse che questa pace si facesse senza comprenderlo, che per che la stagione et lontananza portino ch 'esso a tempo possa fare risolutione a tempo (*sic*).

Con che resto humilissimamente raccomandandomi all' orationi di V. S. Illma la quale Dio Signor nostro arrichisca di ogni bene. Dal Campo del Re di Polonia sotto Plescovia, il di XVII di Novembre 1581. — Archives du Vatican, *Germ.*, 93, p. 335.

X

ÉTIENNE BATHORY A POSSEVINO.

29 novembre 1581.

Stephanus Dei gratia Rex Poloniæ, Magnus Dux Lithuaniæ, Russiæ, Prussiæ, Masoviæ, Samogitiæ, Livoniæque princeps Transsylvaniæ Rndo in Christo Patri Antonio Possevino Ssmi Dni Nri Legato.

Rnde in Christo Pater, syncere nobis dilecte. Cum Paternitati vestræ sæpe omnia ea communicaverimus, quæ ad pacis tractationem cum Magno Moscoviæ Duce possunt pertinere, cumque legatis nostris magnis qui Paternitatem vestram sequuntur, cum primum nos vestra Paternitas monebit, mandaverimus, ut quæcumque acturi sunt ea cum Paternitate vestra conferant, nec esset, quod amplius Paternitati vestræ et officio Legati quo ea fungitur a Smo Pontifice Maximo Christianitatis Gregorio XIII Patre nostro diceremus, nisi de nobis etiam nunc cum discessura Paternitas vestra esset, diligenter de rebus omnibus quæsivisset. Primum autem quod ad eam responsionem attinct, quam Paternitati vestræ jam Staricia profecto Magnus iste Dux misit, nihil habemus aliud quod modo dicendum sit, nisi quod prudentiæ ac judicio Paternitatis vestræ relinquimus, ut ex rationibus, quæ fuse audiit a nobis, ac quas reminisci potest ea ex epistola, quam ipsi per Matthiam Przevorski tabellarium nostrum misimus, juste respondeat. Quod si Livonia restituta pax fiet, omnia illa alto silentio defodienda erunt in terram, ne fraternitas et christiana amicitia offendatur. Si vero iis, quæ Vilnæ novissime per legatos suos pollicitus est, stare noluerit, tum æquum erit, ut Paternitas vestra, quemadmodum illius causam apud nos defendit, multo magis nostram' omnibus modis tueatur, cum pro justissima causa necessarium bellum susceperimus, ac videat, nos nullis laboribus ac periculis parcere, nihil nobis nec hæredibus nostris quærere, pro ipsa autem justitia tantum et causa Reipublicæ nos arma strinxisse, quæ nunquam deponenda erunt, donec prorsus ipsa belli causa fuerit sublata. Id vero scit Paternitas vestra nos facere pro ipso jurejurando, quo obstricti sumus, ac pro decreto ab universis Regni nostri ordinibus lato, belli usque ad finem continuandi. Hoc vero etiam necessarium est, si Paternitas vestra vult, ut eis rebus operam nostram impendere possimus, de quibus adhuc propter Christianum bonum et fraternam amicitiam ipsam cum Magno Duce conservandam Smi D. Gregorii XIII Pontificis Maximi Pastoris universalis Ecclesiæ et Patris nostri nomine Paternitas vestra nos monuit. Quoniam autem ipsius Smi Pontificis Maximi Gregorii XIII intercessione ac Paternitatis vestræ precibus non solum ab effusione sanguinis multos dies in tentanda irruptione Plescoviæ sed et in mittendis tormentis ab Porcoviæ et aliarum arcium expugnatione abstinuimus, cum autem Paternitas vestra sciat, cur modo Poczavium tentatum sit, propterea sciat Paternitas vestra certissime posthac ea nos omnino tentaturos, quæ Paternitati vestræ præsente senatu, initio ac deinde protestati sumus, nempe nos exercitum nostrum hic relicturos, et reliqua tentaturos omnino, donec pax cum syncera justicia fiat. Quam desideramus quidem ut Paternitas vestra ita studeat componere, ut etiam recordetur, nos nostrosque prædecessores, antequam unquam Moscovia a Græcis, qui jam in errores inciderant, aliquid de fide christiana hauserunt, fuisse veros et orthodoxos Principes Christianos, ut omnes alii Imperatores et Reges, qui veram Christi Domini nostri et SS. Petri et Pauli Apostolorum prædicationem conservarunt ac retinent. Ac proinde cogitet Paternitas vestra num vera sint, quæ nobis scripsit Magnus Moscoviæ Dux, utrum ne nos magis an ille unionem habeat cum Ecclesia catholica et cum SSmo D. Gregorio XIII Pontifice Maximo, quem ex ore Christi scimus esse successorem Petri ac totius Christianæ Ecclesiæ Pastorem. Quod si ille, quod ea de re nobis scripsit, haud facit, sicut Paternitas vestra vel potuit vel deberet intelligere, debet etiam plus pro veritate nostra (et speramus eam facturum) operam suam impendere quam cogitare, nos ulla pertinacia aut desiderio sanguinis Christiani fundendi bellum continuare. Ut enim pacem veram et synceram obtineamus, non potuimus omnibus rebus, quam nobis ipsius etiam nomine Paternitas vestra proposuit, acquiescere. Ac quia nos Paternitas vestra ursit, ut exercitum hinc amoveremus, quod et nos facturos aliquot post dies Paternitati vestræ promisimus, sciat Paternitas vestra nos propter eas causas, quas ei retulimus nullo modo hinc castra moturos, etiamsi nos cum modico præsidio ad alias majores copias lustrandaque in itinere præsidia Livoniæ hinc ad tempus discederemus. Satis autem hoc Paternitati vestræ debet esse, quod propter Ssmi Pontificis Maximi reverentiam et propter Paternitatem vestram, Plescoviensem civitatem tentaturi non sumus usque ad eum dierum numerum, quem Paternitati vestræ diximus, et tamen prohibituri sumus, ne vel hostis inde egrediatur, vel commeatus aut aliquis Moscus eo ingrediatur. Cæterum de inducendis tormentis et parte exercitus nostri in Moscoviam id Paternitati vestræ ad eorum tantum dierum numerum præstabimus, de quo numero dierum Paternitati vestræ polliciti sumus. Quamobrem quanto citius ad restitutionem ipsam Livoniæ Magnus Dux veniet, nosque Paternitas Vestra monuerit, reipsa id ad effectum deduci tanto citius intelliget, quantam rationem intercessionis Ssmi Dni Pontificis Maximi Gregorii XIII habuimus. Verum etiam cogitet Paternitas vestra, quid nobis denuo nostrum Regnum offerat ad bellum continuandum, ac quomodo Paternitate vestra præsente in castris nostris exercitui per annum integrum pensionem integram assignaverimus, ut et præsidia nostra firmare ac progredi in incepto possimus. Illud quidem, si pax fiat, cupimus ut præter alia Ssmi Pontificis Maximi Gregorii XIII auctoritate Paternitas vestra procuret, ne Magnus Moscoviæ ulli mshis (*sic*, probablement : e moschis) qui nobis jurasset ob belli metum damnum afferat, deque captivis omnibus, ut et de belli sumptibus atque aliis quibusdam, quæ Paternitati vestræ diximus, id statuat, quod videt esse justissimum, cum sciat quantos etiam sumptus hoc anno addidimus iis, quos superioribus annis fecimus, quorum quidem fuit causa ipse Magnus Dux, cum ea, quæ per suos legatos promisisset, præstare noluerit. Cum vero si pax fiet, Paternitas Vestra redierit in Moscoviam, ea cum Magno Duce poterit conferre, quæ privatim de aliis rebus Paternitati vestræ credidimus, nobis autem statim Paternitas vestra curabit, ut tabellarius noster ultimus omnino remittatur, quem adversus omne jus gentium si ille retinuit, videt Paternitas vestra quomodo in aliis rebus nos vel Paternitas vestra illi possit fidem adhibere. Bene valeat Paternitas vestra. Datum ex castris nostris ad Plescoviam die XXIX mensis Novembris, anno Domini 1581, Regni vero nostri anno sexto. — Archives du Vatican, *Germ.*, 93, p. 557.

XI

Possevino a été le premier à publier dans sa *Moscovia*, en guise d'appendice, la plupart des pièces relatives à la trêve conclue entre la Pologne et Moscou en 1582. Ces documents sont intitulés : *Acta in conventu legatorum serenissimi Poloniæ Regis Stephani, hujus nominis Primi et Joannis Basilii, Magni Moscoviæ Ducis. Præsente Antonio Possevino, de Societate Jesu : nomine Gregorii XIII, Pontificis Maximi, MDLXXXI, mense decembri. In Chiverova Horca, ad Jamum Zapolsciæ, in Moscovia.* Fréquemment réimprimés depuis, ils l'ont été en dernier lieu par Tourguénev et Starczewski. Nous citerons les *Acta in conventu legatorum* d'après Starczewski : *Historiæ Ruthenicæ scriptores exteri sæculi XVI. Collegit et ad veterum editionum fidem edidit Adalbertus de Starczewski. Berolini et Petropoli. MDCCCXLI*, en indiquant seulement la page. On trouvera en outre dans le même volume les pièces suivantes : 1° Primum publicum colloquium de religione catholica, habitum die 21 februarii 1582, cum Joanne Basilii, Magno Moscoviæ Duce, in ejus regia, senatoribus ejus, ac centum aliis proceribus præsentibus. — 2° Alterum die 23 februarii colloquium A. Possevini cum Magno Moscoviæ Duce, ac cum senatoribus ejus. — 3° Tertium de religione colloquium Magni Moscoviæ Ducis cum A. Possevino, eodem in procerum consessu, senatoribus autem adstantibus. Quid item post illud contigit ea ipsa die, quæ fuit 4 martii, et dominica prima Quadragesimæ, cum Evangelium legitur « Ductus est Jesus in desertum, ut tentaretur a Diabolo. » — 4° Capita quibus Græci et Rutheni a Latinis in rebus fidei dissenserunt, postquam ab ecclesia Catholica Græci descivere, tradita in magno consessu Procerum, Joanni Basilii Magno Moscoviæ Duci, 3 martii 1582, in civitate Moscua, quibus brevis, dilucida et solida errorum Græcorum et Ruthenorum refutatio continetur. — 5° Errores alii Ruthenorum, qui Orientale schisma secuti sunt, postquam Græci ab ecclesia sese præciderunt. — 6° Scriptum Magno Moscoviæ Duci traditum, cum Angli mercatores eidem obtulissent librum, quo hæreticus quidam ostendere conabatur, Pontificem Maximum esse Antichristum. — 7° Interrogationes et responsiones de processione Spiritus Sancti a Patre et Filio, desumptæ, ac breviore et dilucidiore ordine digestæ, ex libro Gennadii Scholarii Patriarchæ Constantinopolitani in gratiam et utilitatem Ruthenorum. — 8° Epistolæ Gregorii XIII Pontificis Maximi, Stephani Primi Poloniæ Regis, Joannis Basilii, Magni Moscoviæ Ducis et aliorum, quæ citro ultroque commearunt, dum Antonius Possevinus legationes ad eos obibat.

XII

POSSEVINO AU CARDINAL DE CÔME.

21 janvier 1582.

Il XV di questo mese, nel quale fu qui conchiusa et giurata la pace dagli Ambasciatori del Re di Polonia et dal Moscovito per dieci anni futuri, scrissi a V. S. Illma mandandole gli atti di questo abboccamento fatto piu volte, et con questi atti l'aviso succinto delle conditioni della pace, una cifra di qualche momento, il disegno della Livonia et di Plescovia, et le copie di alcune lettere da me ultimamente scritte al Re di Polonia. Diedi questo plico al S. Alberto Radivilio per portarlo a Vilna al S. Nuntio, raccomandandolo a Mons. il Vescovo di Vilna. Dapoi per altra strada mandai il duplicato di tutto, eccetto che de' disegni della Livonia et di Plescovia. Hora stando per incaminarmi verso il

Moscovito, coll' aiuto Divino, havendo egli mandato già in Novoguardia persone che ci conducano ho pensato di riscrivere sommariamente quel che potrò ricordarmi di havere toccato nell' ultime se per la varietà et lunghezza del viaggio non fossero pervenute a fido ricapito.

Dalli XIII dunque del passato insino a 15 del presente da venti volte nell' albergo mio convenuti gli Ambasciatori di amendue i detti Principi trattarono secondo l' ordine de' medesimi Principi il negocio della pace. In che apparve mirabile la sapienza di Dio che i catolici et i scismatici sempre si riferivano nelle cose perplesse hor al giuditio hor' all' arbitrio mio per rispetto della Santa Sede Apostolica. Cosi anco nelle procure loro, come nelle lettere et instrumenti di pace, fu scritto ch' ogni cosa per ordine di Sua Santita era stata trattata, et conchiusa sotto la sua autorità, ciascuno de' Principi mostrando che non si sarebbono mossi a mandar gli Ambasciatori in questo luogo se non fussero stati mossi dall' autorità di Sua Beatitudine. Il che poi rileggendosi con frequenza di uditori Polacchi, Lituani, et Ruteni dai Moscoviti chiamati all' atto del giuramento della pace, et del bacio della croce, cerimonia usata con grande riverenza da Moscoviti, fece piu celebre il nome di cotesta Santa Sede, si come prima per due mesi nell' essercito di varie nationi, et quasi tutte heretiche era avenuto, mentre trattavo dell' indirizzo dell' istesso negotio della pace sendomi sempre dal re mandati i corrieri ch' il Moscovito ci mandava con lettere, le quali coll' altre scritture degne di essere conservate ho mandato in luogo sicuro, si come ho scritto a V. S. Illma.

Le conditioni della pace furono, ch' il Moscovito rendesse dentro del IV giorno di marzo prossimo, 31 fortezze ch' egli teneva nella Livonia fra le quali è Derpato citta Episcopale et a cui, prima che gli heretici vi introducano qualche peste, mostravo quanto era necessario con ogni diligenza proveder di Vescovo et operarii catolici. Lascia anco il Moscovito una fortezza al rè nominata Velisio presa da Sua Maesta nel territorio del Moscovito l' anno passato.

All' incontro rende il Re al Moscovito Vielchiluchi Zavalocia, Nevelia et alcune piccole fortezze prese questo anno nel distretto di Plescovia, scambievolmente poi rendono l' artiglierie colle quali le fortezze furono prese, cio è con quelle che dentro le fortezze si ritrovavano, quando furono espugnate o si resero. Al giorno poi della Sma Trinita i legati del Re di Polonia debbono andare al Moscovito accioche anco esso giuri, et sottoscriva la pace. Et quei del Moscovito debbono andare al Re di Polonia all' Assontione della Bma Vergine accioche faccia Sua Maesta il medesimo. Nei quali tempi proponevo a Nostro Signore la consideratione di quel che giudicherebbe potersi ordinare accio che si andasse tessendo la tela della religione catolica co' l Moscovito, et con varii mezi, et almeno con via di conservare con debiti uffici l' amicitia, maturare quella dispositione, la quale ha dalla misericordia Divina a sperarsi migliore, quando coll' elettione di buoni operarii nella Livonia et con un seminario de Ruteni et colla stampa di catechismi catolici in quella lingua et altri simili cose, le quali la Dio merce si vanno preparando, Iddio vedrà essere instrumenti et cooperatori alla sua voluntà Divina.

Quanto al Re di Svetia, se bene et gli Ambasciatori del Re et io facemmo ufficii perche fosse compreso nella pace, nondimeno questo non sequi per non haverne nissuno carico i legati del Moscovito, et per non esser presente alcuno Ambasciatore del Re di Svetia, che potesse admettere le debite conditioni, sebbene et coi brevi di Sua Santità et per huomo espresso et per non pochi duplicati io l' havessi premonito. Però ho dapoi inteso che al campo del Re di Polonia era venuto uno ultimamente del Re di Svetia, et è probabile, che se bene mi portasse lettere non havrà potuto penetrare qua, potendo dare qualche giusto suspetto ch' egli ragionando coi Moscoviti o non tentasse l' impedimento di questa pace seguita, o non procurasse congiuntione co' l Moscovito per munirsi contro il Re di Polonia alla conservatione di quel che dal Moscovito ha occupato nella Livonia questi due anni, et alla fermezza della città di Revalia la quale pretendono i Pollacchi et

Lithuani essere stata indebitamente usurpata da Erico re di Svetia, fratello già al presente.

Or la contentezza che mostrano di questa pace i Moscoviti, et massimamente questi Ambasciatori potrebbe darci qualche speranza di migliore effetto nelle cose della religione, se non fosse una profonda alienatione loro dal rito catolico congiunta coll' ignoranza et coll' havere con seco quell' altre gravi difficoltà, le quali insieme coi mezi di lievarle toccai in quel commentario latino et breve, il quale costa mandai conforme all' ordine datomi da Sua Beatitudine nell' Instruttione. Et forse se tante altre occupationi di cotesta Santa Sede n' havranno fatto differire l' esecutione insino all' hora nella quale perverrà questa mia alle mani di V. S. Illma, hora quel commentario si rileggera piu attentamente et con qualche o congregatione o altro si ordinera che non si aspetti che la porta si chiuda a quel che per tante decine di anni essendosi tentato da Santa Chiesa in queste parti non ha havuto esito, perche per aventura vi era piu disiderio, che providenza di efficaci rimedi per riunire animi per natura alieni dall' altre nationi, et per lo scisma lontanissimi dall' unione catolica.

Io haveva usato qualche diligenza co' l re, accioche non mandasse a questo abbocamento altri Ambasciatori che catolici, et l' ottenni. Pero aggiunse loro un Segretario Ruteno come terzo Ambasciatore il quale per essere del medesimo scisma de' Moscoviti se bene con loro non conveniva nelle cose pertinenti alle conditioni della pace, nondimeno in quelle che appartenevano alla dignità della Santa Sede Apostolica et alla verita della fede nostra, oltre che ci diede varii disgusti, non era senza colpa, che i Moscoviti non volessero nelle lettere di pace porre, che tutto quel negotio era stato per ordine de' loro Principi trattato inanti a chi era stato mandato da Nostro Signore parendo a scismatici di dare troppa autorità alla Santa Sede Apostolica. Ma Dio Signor nostro che ha sapienza moltiforme per confundere la prudenza de' prudenti fece che udite le ragioni dell' invalidità di quegli atti, se non fossero stati conchiusi conforme all' ordine et tenore delle procure de loro Principi, non solo inscrissero quanto veniva alla dignità della Sede Apostolica nelle dette lettere, mà insieme il Segretario del Re, benche rivocato da Moscoviti efficacemente et publicamente accioche nel giuramento baciasse la loro croce posta ad una delle lettere o instrumenti di pace, nondimeno bascio quella che io sopra un' altare preparato in camera mia diedi agli Ambasciatori del Re fra i quali egli era il terzo, non senza mortificatione et humiliatione de' Moscoviti circonstanti.

Queste cose dunque essendo colla Divina gratia in questo modo seguite, et essendo parimente di Novoguardia la grande giunti qua coloro, i quali alla restitutione della Livonia sono stati assignati dal Moscovito, noi altri con gli Ambasciatori del detto principe, Dio concedente, partiremo domani alla volta di Moscovia con freddi veramente di Scithia, raccommandandoci alla benedittione et orationi di Nostro Signore humilissimamente et a V. S. Illma alla quale Dio Signor nostro mandi ogni vera contentezza dal cielo. Di Chiverova Korca, XXI di Gennaro 1582. — Archives du Vatican, *Germ.*, 93, p. 453.

XIII

POSSEVINO AU CARDINAL DE CÔME.

22 janvier 1582.

Non pensavo di scriver a V. S. Illma per hora piu di quel che feci hieri, ma havendo io dal S. Cancelliere ricevuto nuove lettere, le quali saranno aggiunte a questa, et havendo io fattogli quella risposta, la cui copia mando a V. S. Illma ho pensato di darle pieno ragguaglio di quel che passa. Il giorno di hoggi si è fatta la distributione delle patenti et persone che dimani vanno a restituir le fortezze in Livonia et altrove. Et il re ha voluto che per honor di Sua Santita et anco forse per mostrare che l'havere condisceso a restituirne alcune al Moscovito, sia stato per ubidire a Nostro Signore piu che per necessita, io dia aviso della pace a capitani di Vielchilucki, Savalocia, Nevelia et Chelmo. Il Moscovito mi ha mandato vittovaglia in tempo di necessita che non n'havevamo piu, et persone che ci conducano in Moscovia, perdove posdimani con Divino aiuto partiremo. Marcia fra tanto un suo esercito verso la Nerva per ricuperare quel ch'il re di Svecia gli ha preso. Et anco quei del Re di Polonia procureranno fare altrettanto, si che quel buon re di Svetia se havesse in tempo ricevuto gli avisi datigli a nome di Sua Santita sarebbe forse fuori di danno. Non perderà fra tanto Santa Chiesa alcuna cosa, poiche tutti quei di Livonia, che sono sotto il re di Svetia, sono pessimi heretici, et egli forse pigliera la strada finalmente di Sua Santita come ha preso il Moscovito; dal quale se bene scrivo per ragionevoli congetture al S. Cancelliere ch'io ritorno presto verso Polonia, posso pero con verita dire a V. S. Illma che faro ogni sforzo, perche voglia prima udire il vero, con dedicarmi la a perpetua captività, se Dio mi volesse far gratia, ch'egli internamente aprisse l'udito alla verità. Di che grandissimamente dubito.

Ne con tutto cio parc che si debba rompere la pratica cominciata finche sieno operarii che appresa la lingua, et stampati buoni libri in quell'idioma possano edificarvi piu sodo edificio. Il non havere anco compagno alcuno idoneo a quell'impresa fara facilmente che con nuove ragioni che costi si proporranno o in scritto o con presenza, se sara volunta di Dio, si pigli qualche piu stabile partito di quel che si fece all'hora che partimmo di Roma.

La morte, anzi uccisione del figliuolo primogenito del Moscovito fatta dal Padre si conferma, et dicesi essere stata per cagione ch'egli al Padre ricordò la morte di molti, et il bene ch'era per seguire della pace. Alla quale perche il Moscovito mi si mostrò inclinato sempre, non so quanto debbo credere a si fatti romori. Con questo humilissimamente mi raccomando all'orationi di V. S. Illma alla quale Dio Signor nostro conceda ogni bene. Di Chiverova Korca, il di XXII Gennaro 1582.—Archives du Vatican, *Germ.*, 93, p. 456.

XIV

Le récit de la catastrophe du 14 novembre nous a été conservé, comme nous l'avons dit dans le texte, par un des interprètes de Possevino. Celui-ci en avait deux, mais André Polonski ou Apollonius avait été envoyé à la Sloboda le 9 octobre et était rentré à Pskov le 14 novembre, par conséquent, c'est Basile Zamaski, le second interprète, envoyé à la Sloboda le 22 octobre, qui a été le témoin auriculaire du fait. — *Moscovia*, Antverpiæ, 1587, p. 28.

La veuve du jeune Ivan, Hélène Chérémétev, prit le voile bientôt après la mort de son époux, sous le nom de Léonide, au Nouveau Couvent des Vierges de Moscou. Elle continua à porter le titre de *tsaritsa* et fut comblée de bienfaits par Ivan. — Barsoukov, *La famille Chérémétev*, en russe, I, p. 494.

XV

Voir l'article de M. Jmakine : *Monument de polémique russe contre le catholicisme au XVIe siècle* dans le *Journal du Ministère de l'Instruction publique*, en russe, octobre 1880, p. 319. — M. Jmakine donne à Nicolas Boulev pour partisan et coopérateur à Moscou le légat pontifical Nicolas Schomberg vers l'année 1519. Ce voyage de Schomberg à Moscou est une légende qui doit son origine à la confusion du légat Schomberg avec le chevalier livonien Schomberg. Ce dernier a été effectivement à Moscou, et même plus d'une fois, tandis que le premier n'y a jamais paru. Il ne m'a pas été possible de consulter moi-même les documents relatifs à cette question, mais dans la note que les Archives du Ministère des affaires étrangères m'ont fait parvenir de Moscou, par l'entremise de M. Stasov, il est dit expressément : « Le moine Nicolas Schomberg n'a pas été à Moscou. » — En outre, M. Jmakine fait comparaître l'envoyé russe Trousov devant le pape Clément VI en 1528. Clément VI est un pape d'Avignon, du XIVe siècle ; en 1528, la chaire de saint Pierre était occupée par Clément VII. — Voir aussi l'article de M. Ouspenski : *Rapports de Rome avec Moscou*, dans la même revue, août 1884, p. 368.

Quant aux rapports avec les Latins pour l'époque antérieure a Vasili III, on peut consulter les deux livres russes suivants : *Examen historique et littéraire des anciens ouvrages russes de polémique contre les Latins* par André Popov ; *Essais critiques sur l'histoire de l'ancienne polémique gréco-russe contre les Latins* par Pavlov.

XVI

Le récit de ces discussions religieuses nous est parvenu de deux côtés différents. La rédaction russe a été publiée dans les *Monuments des relations diplomatiques*, X, col. 282 et suiv. ; celle de Possevino dans les *Historica Russiæ Monumenta*, *Suppl.*, p. 100 et suiv. Entre les deux rédactions, il y a parfois des différences assez notables. Nous suivrons en général le texte de Possevino, en tenant compte de la rédaction russe.

XVII.

POSSEVINO AD CARDINAL DE CÔME.

26 avril 1582.

Questa non sara per altro, facendomi fretta il portatore della presente, che per significare a V. S. Illma che dall' istessa citta di Moscovia dove da quel principe fui trattato coi soliti honori, et ricevuto due volte a convito publico arrivai qua avant'hieri, havendo posto in viaggio difficilissimo et lungo mille miglia, trenta sei giorni. Sono stato presso quel Principe un mese, trattando sempre con lui di tutte le cose ingiuntemi. Manda meco a Sua Santita uno Ambasciatore con un segretario et otto altri per stringere piu l'amicitia con Sua Santita (queste sono le sue parole) et per trattare della lega con tutti i Principi. Per conto della religione mi ha dato nuove patenti pei sacerdoti che possano venire con mercatanti, et ho fatto colla Divina gratia che lo specifichi nelle lettere che scrive a Signori Vinitiani le quali porto. Pero quel che di questo et dell'altre cose sento, o daro aviso quando sarò piu vicino, o io stesso (se Dio havrà cosi disposto) ne ragionerò a bocca. Tutto questo fatto in somma puo almeno aprire la porta a molti beni con tutti i Principi, et dare occasione a tenere aperta la porta in Moscovia aspettando alcuna maturità che pare che Dio Signor nostro vada assai accelerando. Adesso qui si attende a procurare la speditione del S. Varsevicio in Svecia, dove scrivo, et sperero che quel Re, se vorra essere capace, riceverà le giuste conditioni, le quali da questo Re le si mandano. Io con Sua Maesta ho ragionato et tuttavia tratto de' mezi di aiutare la Livonia, et gia in questa citta con un prudente sforzo da lui fatto habbiamo due chiese dove si essercita la religione catolica. In Dorpato si è posto un sacerdote catolico, la quale città fra le restituite è a confini di Moscovia. Qui rimarra a tempo per governatore il S. Vescovo di Vilna col S. Solicovio, et con alcuni nostri Padri. Alcuni sacerdoti si aspettano di

Prussia,et mando per alcuna somma dei libri Tedeschi che gia mandai di Germania, accioche di Prussia venga qua per disseminarsi. Quel che si fara passando per Vilna circa il seminario de Ruteni, di che con estremo mio contento et allegrezza particolare di questo re et di tutta questa corte ricevei hieri la benigna lettera di V. S. Illma delli 20 di gennaro di questo anno, scrivero per viaggio a V. S. Illma mandando ordinatamente tutto il negociato, sopra che o sopra altre cose se havra Nostro Signore a commandarmi alcuna cosa sappia ch'io verrò alla corte dell' Imperatore a cui dal Moscovito porto lettere, et di là per Milano forse (parendo spediente che l'Ambasciatore che viene meco per conto della lega habbia qualche saggio della potenza del re catolico) verrò a Venetia onde colla Divina gratia verro a Roma. La moltitudine fra tanto delle cose avvenute et in Moscovia, et in viaggio et in liberatione di varii prigioni conceduteci,et la notitia interiore conseguita di tutto quel tratto di Oriente, di che si farà co'l Divino aiuto un'altro particolare commentario per nostro Signore, si come si farà il terzo per conto di questa Livonia restituita, sono tante in gloria Divina che non posso per hora mandare quanto disidererei, ne forse giungerebbono prima di me in Polonia dove faro ogni sforzo di trovarmi co'l S. Nuntio in Varsavia prima che passi Maggio, et forse qualche poco inanti. Di qui questo Re disegna partire fra sei o otto giorni, et al decimo o 15 del seguente essere in Vilna et di la essere poi verso l'Agosto a comitii in Varsavia. Fra questo mezo supplico humilmente V. S. Illma che proponga a nostro Signore se sara bene di fare scrivere due parole dal S. Ambasciatore del re catolico ch'è cosi (*lisez :* costi) al S. Vicere in Milano per che occorrendo che di la passiamo usi per quello stato alcuno officio di amorevolezza coll'Ambasciatore del Moscovito, il quale ufficio bisognerà pero che sia con quel temperamento ch'io significherò prima a ministro del S. Vicere, convenendo hora che si sa piu il fondo delle cose, procedere con molta misura, siche non si estolga piu del dovere quella natione di Scithia, a cui è bisogno di molto freno, et nondimeno riconosca questi effetti per la riverenza che portano i Principi Christiani a cotesta Santa Sede.

Oltre che potendo non molto dapoi venire costa il' Signor nipote del Re di Polonia, con cui non facendosi o il medesimo o piu di quel che si facesse con un semplice Ambasciatore di Moscovia, potrebbe generare varii disgusti. Piaccia a V. S. Illma dire a Nostro Signore che piacque grandemente a questa Maesta, quel che Sua Santita offeriva circa la coadiutoria di Varmia, et gli communicai la lettera tutta et soggiunse che non v'era alcuna difficoltà dalla parte del capitolo. Egli fra tanto propone di nominare in breve un vescovo per Livonia che sara forse il S. Solicovio, il quale io tengo per uno dei migliori di questo regno ; nominera anco il futuro Arcivescovo di Leopoli, cercando persona idonea, se gia il S. Solicovio assunto a quella dignita non desse piazza ad un altro qua. Piu distintamente poi ragguaglierò V. S. Illma di mano in mano dell'aperture che Dio Signor nostro puo fare ad altri beni coll'occasione di questa pace anco alla congiuntione degli animi di questo Re et dell'Imperatore. Il che piaccia a Nostro Signor Dio di fare risguardando in se stesso ch'è tutto carita. Con questo fo fine, et dimando humilissimamente la benedittione da Sua Beatitudine, et da V. S. Illma alcune orationi, come confido della benignita Christiana, colla quale ha voluto impiegarmi in cosa tanto disuguale al mio stato et ingegno. Dio Signor nostro le dia et piena gratia, et luogo nel Cielo. Amen. Di Riga in Livonia, il XXVI di Aprile 1582.

Supplico humilissimamente V. S. Illma che si degni commandare che N. P. Generale sia avisato dell'arrivo mio qua, et di quel piu ch'ella giudicherà, aggiugendo ch'in breve gia mandero una piena lettera annua del nostro periodo, tenendo il modo della compagnia et l'instituto nostro. — Archives du Vatican, *Germ.*, 93, p. 471.

XVIII

POSSEVINO AU CARDINAL DE CÔME.

10 mai 1582.

Nel fine del precedente mese scrissi a V. S. Illma, dell'arrivo mio a Riga in Livonia al Re di Polonia, et come io conducevo meco un nuovo Ambasciatore del Moscovito a Sua Santita per trattare le cose della lega, et per stringere meglio l'amicitia con sua Beatitudine. Gli honori fattici di nuovo da quel Principe, et la liberatione di alquanti Prigioni fatta ad intercessione nostra sotto nome di Nostro Signore et la dispositione dell'altre cose era da me sommariamente toccata, serbandomi a scrivere di luogo piu vicino altri particolari. Et nondimeno fra questo mezo V. S. Illma potrà forse far parte a Sua Beatitudine di alcune di quelle cose, che sono nel fine dell' annua latina la quale scrivo secondo l'ordine delle nostre constitutioni a nostro Padre Generale. Il che come essa sa, si fà anco dall'Indie et da altre parti, si per incitare i nostri a racommandare i negocii tali a Dio, si perche piglino luce a praticare questa arte per aiutar l'anime.

Il Re di Polonia sarà qui posdimani, il quale havendomi commesso che qui l'aspettassi darò fra tanto una vista al luogo pe'l Seminario Ruteno, di che Sua Maestà è rimasta più che mediocremente edificata, si come ne scrive a Sua Santita medesima. Pero poiche Dio Signor nostro fa questa gratia a V. S. Illma di essere non solo promotore, ma anco protettore vero di questi seminari, la supplico humilissimamente che se gia non si sara dato ordine, che qua si rimettano le pensioni, si faccia quanto prima, si perche si possano preparare gli utensili, si perche non ci escano dalle mani, quei Ruteni et Moscoviti, de quali si ha presente speranza. Et se altra via non sarà di rimettere i denari, quella di Cracovia per hora potra tenersi a M. Sebastiano Montelupi, e ad altri, che costi saranno conosciuti, percioche cosi potranno trarsi a coloro in Vilna alli quali guidichira Nostro Signore essere conveniente.

Di Brunsberga parimente ho ritrovato qui l'alligato memoriale per conto del seminario di Brunsberga, si come anco ho fatto alcuna lettera di Svetia. Et come io con ogni riverenza supplico V. S. Illma di volere favorire que' di Brunsberga all'essecutione di quel pagamento, se gia non fosse sodisfatto, cosi l'annua et la lettura di quelle cose di Svetia, et del rimanente non saranno forse ingioconde nei caldi a Sua Beatitudine e a V. S. Illma.

Di qui io colla Divina gratia partirò verso Varsavia fra cinque o sei giorni, passando in Cnissino per abboccarmi con S. Cancelliere, a cui scrive Sua Maesta che conviene mostrare ogni confidenza ancor con lui massimamente con questa nuova missione dell' Ambasciatore che fa il Moscovito : Dio Signor nostro fra tanto conceda a V. S. Illma pienissima felicita. Amen. Di Vilna, il di X di Maggio 1582.

Io supplico humilissimamente V. S. Illma che letta ch' havra l'annua che delle cose di Moscovia scrivo a nostro Padre generale commandi che le si mandi per sua consolatione. — Archives du Vatican, *Germ.*, 93, p. 477.

XIX.

POSSEVINO AU CARDINAL DE CÔME.

8 juin 1582.

Di Riga in Livonia subito ch' io giunsi al Re di Polonia, scrissi a V. S. Illma dapoi il medesimo feci di Vilna et di Varsavia, benche, et quelle che scrissi in Riga ritrovai presso il S. Nuntio in Polonia et quelle che scrissi in Varsavia portai meco quà, poiche vedevo che per gli altri camini andavano assai tardi.

Da quelle dunque V. S. Illma intendera il decorso delle cose avenute. Qui poi havendo hieri atteso a consolarmi con questo Seminario di Sua Santita et con un altro che ad imitatione fa un buon Padre Cartusiano, dove gia sono 14 Alunni governati da uno Svedese, gia Alunno di questo Seminario, et insieme con una casa de' poveri per la quale come per alcuni altri scolari bisognosi lascio qui di nuovo 400 talleri ; mi partirò hoggi coll' Ambasciatore Moscovito verso Praga per veder prima di abboccarmi con Mons. Illmo Madruzzo, et co' l S. Nuncio ch' io parli coll' Imperatore sopra quel negotio importante, del quale scrivo nell' altra mia fatta in Varsavia. Et come si intende che l'Imperatore si è incaminato verso Augusta cosi io prenderò la piu breve per Praga, dove parimente oltre il seminario di Sua Santita vedrò la casa de poveri, nella quale intendo essere da settanta, et si lascierà ivi modo colla divina gratia, perche possano aumentarsi in maggiore numero, aprendo la Divina Providenza tante et tanto facile vie alla restitutione della fede catolica in tutto' l settentrione (se con diligente patienza si persevera nel cominciato) ch' io resto con piena speranza che Dio benedetto vada facendo avicinare la pienezza del suo regno. Il che sia presto. Amen.

Fra tanto io mando a posta inanti un giovine

nobile Moscovito a Padova, perche quivi si trattenga insino al mio arrivo in quella citta, si per ch' egli porti questo plico, si anco perch' io lo lievi dalla conversatione di questi altri Moscoviti, i quali non sanno ch' io' l mando. Dirò poi a V. S. Illma cio che conviene sopra di lui : et ei servira per interprete, et per scriver fedelmente la traduttione delle lettere che si scriveranno al Moscovito, già che gli interpreti di quel Principe non' l fanno sinceramente massimamente in cose di religione ne si havera la fatica che l'altra volta si hebbe in fare tradurre la lettera del Moscovito, ancorche gia n' ho una tradotta di quelle che a Sua Santita si scrivono, della quale mando à V. S Illma copia, perche si habbia tempo di pensare a quelle occasioni le quali forse si piglieranno con altri Principi per promuovere l'unione loro et le cose della religione catolica.

Oltre cio mando due Italiani col detto giovine Moscovito, l'uno dei quali Italiani gia alquanti anni fatto prigione in mare da Turchi, da quali anco ha poi patito et tagliamento di orecchie intiere et di naso per havere di loro mani tentato la fuga con havere ucciso alcuni Turchi, era anco bandito dalla chiesa per havere fatto alcuni delitti, i quali sono scritti nell' alligata poliza. Et perciò che tanto per questo viaggio di Moscovia, nella quale procurai la sua liberatione et di alcuni altri fuggiti da Turchi pe' l Tanai, quanto per relatione procurata separatamente da me de suoi compagni che meco vengono ho riconosciuto in questo povero huomo core et prontezza al servitio di Dio et della Santa Sede Apostolica, io per mezo di V. S. Illma mi getto con ogni humiltà a piedi di Sua Santita chiedendole gratia del medesimo acciochè possa venire a ricevere la Sua Santa benedittione et finire i suoi giorni in pace. Io spero che l'auttorità di V. S. Illma il patire grande che ha fatto il medesimo huomo non solo fra Turchi, ma anco fra Moscoviti, dove pensando con gli altri trovare liberatione è stato in dura captivita piu di un anno mezo, et finalmente havendomi servito fedelmente in questo viaggio faranno che Sua Beatitudine si degnerà contentarsi ch' egli venga a constituirsi con promessa di gratia intiera (stante il caso tale, quale egli dice essere apunto tale) inanti a piedi di Sua Santita. Et io supplico V. S. Illma a farmene scrivere due parole in Venetia dove gli ho detto, che si trattenga insino al mio arrivo in quella città, dove prima di venir a Roma andremo a rendere a quella Signoria le lettere del Moscovito, colla quale occasione se V. S. Illma giudichera darmi qualche instruttione per reggermi o in questo (sendo del medesimo tenore con quelle che sono scritte a Nostro Signore) o in altro, io mi sforzerò di pigliare occasione per aiutare i buoni disiderii di quella republica in quel che la mia bassezza si stendera dalla Divina mano. Et con questo raccommandandomi all' orationi di V. S. Illma et Rma le prego da Christo Signor nostro piena et eterna felicità. Di Olmuzzo, il di VIII di giugno 1582. — Archives du Vatican, *Germ.*. 93, p. 488.

XX

POSSEVINO AU CARDINAL DE CÔME.

22 juin 1582.

Di Olmuzzo, quanto primo arrivai in quella città mandai tre mie lettere a V. S. Illma scritte in Riga, in Varsavia et in Olmuzzo, non havendo trovato piu spediti portatori prima. Dapoi venuto in Boemia lasciai alla nuova casa de poveri, che fiorisce, altrettanto quanto havevo fatto a quella di Olmuzzo, et trattai alcune volte co'l S. di Pernestan del modo di comporre le cose fra l'Imperatore e'l re di Polonia conforme a quel che si scrisse a V. S. Illma. Il che tutto si fece per havere maggiore luce per proporre a Mons. Illmo Legato Madruzzo et a questo S. Nuncio tutto 'l negocio, nel quale mi governerò co 'l Divino aiuto in quel modo che mi hanno consigliato; il quale modo è secondo l'istessa verità, colla quale è proceduto il detto negotio et secondo il desiderio di sua Beatitudine, ne sara come si spera se non molto opportuno et accetto a questa Maesta dell' Imperatore co 'l quale poiche havro trattato, et resogli le lettere del Moscovito, si come anco ne porto agli Arciduchi suoi fratelli Carlo et Ernesto mi invierò insieme coll' Ambasciatore del detto principe par la diretta verso Venetia per rendere l'altre lettere conformi alle passate, ma piu distinte quanto alle cose della lega, et del potere mandare alcuno sacerdote qualhora in Moscovia si mandino o Ambasciatori o mercatanti Vinitiani o altri. Pero se giudicasse V. S. Illma essere spediente, che alcuna luce mi si desse come o circa questo, o altro mi dovessi reggere con quella Signoria Illma (non sapendo io se altro è avenuto che meriti indirizzo) si degnerà farmene scrivere mandandosi lettere al S. Nuncio in Venetia.

Fra questo mezo vedra V. S. Illma le lettere, le quali di Praga scrissi al Sermo Re di Polonia et al

S. Cancelliere di quel regno. Il che feci per temperar i movimenti o altro di quelle bande, mentre da Sua Beatitudine si commandasse cio che si giudicherebbe a proposito in questa materia a gloria di Dio Signor nostro.

Se poi Sua Beatitudine giudichera fare scrivere due parole al S. Legato di Bologna et al S. Vice legato di Viterbo et agli altri di quelle parti, che si somministrino le cose necessarie a questi Ambasciatori, come non senza frutto l'altra volta si fece, spererò che Dio ne sarà servito. Io faro quella strada co 'l Divino aiuto per che nel ritorno questo Ambasciatore possa vedere l'altro restante dello stato della Chiesa. Con che humilissimamente mi raccommando nelle sue orationi pregandole da Dio Signor nostro ogni bene. Di Augusta, dove hieri a notte giunsi, il XXII di giugno del MDLXXXII. — Archives du Vatican *Germ.*, 93, p. 492.

TABLE DES MATIÈRES

Préface 5

CHAPITRE PREMIER.

LE COMMENTAIRE DE POSSEVINO SUR MOSCOU.

Possevino en audience de congé chez Ivan IV. — Dernières dispositions pour le départ. — Itinéraire tracé par le tsar. — Arrêt forcé à Bor. — Possevino rédige son premier commentaire sur Moscou. — Ses principes et son idéal. — Description du tsar. — Ses rapports avec l'Église. — Pouvoir absolu. — Manque d'instruction dans le peuple. — Sa religion consiste en pratiques extérieures. — Critique des procédés romains employés jusque-là. — Programme pour l'avenir. — Compte-rendu des dépenses envoyé par Possevino à Rome. 11

CHAPITRE II.

PRÉLIMINAIRES DE LA TRÊVE.

Arrivée de Possevino au camp polonais. — État des affaires. — Assaut de Pskov. — Héroïsme des Russes. — Difficultés diplomatiques. — Conférences avec Bathory. — Départ du P. Campani. — Affaires de Suède. — Entretien du 21 octobre avec le roi. — Polonski à la Sloboda. — Ivan IV envoie de nouveaux ambassadeurs. — Ultimatum de Bathory communiqué à Possevino. — Lettre de Bathory à Possevino 31

CHAPITRE III.

TRÊVE DE IAM ZAPOLSKI.

Ouverture des négociations. — Les Polonais à Iam Zapolski, les Russes avec Possevino à Kivérova Gora. — Représentants des deux parties. — Possevino reconnu comme arbitre. — Lacune dans les documents. — Scène tragi-comique. — Causes de lenteur dans les négociations. — Possevino prépare le terrain. — Les séances sont inaugurées le 13 décembre 1581. — Cessions territoriales et formules d'étiquette. — Prétentions des deux parties sur la Livonie. — Moyen ingénieux de les équilibrer. — On parvient à s'entendre. — Droits d'Ivan au titre royal. — Observations de Possevino. — Solution de la question. — Affaires réservées. — La trêve est conclue le 15 janvier 1582. — Satisfaction des Polonais et des Russes. — Possevino songe au voyage de Moscou 57

CHAPITRE IV.

POSSEVINO A MOSCOU.

Moscou vers la fin du XVIe siècle. — La cour en deuil. — Mort du fils aîné d'Ivan. — Entrevue de Possevino avec le P. Drenocki. — Audience du 16 février. — Triple but de Possevino. — Controverses au sujet de la trêve. — Affaire des prisonniers. — Projet de ligue anti-musulmane. — Rapports de Moscou avec les Latins. — Propagande catholique sous Vasili III. — Sentence d'Ivan IV. — Son point de vue religieux et ses lubies théologiques. — Ses discussions avec Rokita en 1570. — Sa lettre aux moines de Bélozersk. — Discussion avec Possevino fixée au 21 février 87

CHAPITRE V.

DISCUSSIONS THÉOLOGIQUES AU KREMLIN.

Mémoire présenté au tsar par les Anglais. — Contre-mémoire de Possevino. — Audience du 21 février. — L'union des Églises. — Vues sur l'Orient. — Byzance identifiée avec l'Éthiopie. — Ivan renonce aux conquêtes. — Primauté du pape. — Comparaison fatale. — Le pape outragé par Ivan. — La chaise gestatoire. — La croix sur *la botte* du pape. — La barbe pontificale. — Honneurs divins rendus au pape. — Audience du 23 février. — Appréhensions. — Excuses du tsar. — Pourparlers avec les boïars. — Ivan IV pendant le carême. — Audience du 4 mars. — Le tsar propose à Possevino de visiter les églises. — Réponse du jésuite. — Version russe sur le même sujet. — Piège des boïars. — Possevino refuse d'entrer à l'église. Il se rend au palais. — *Te Deum*. — Audience de congé. — Départ de Possevino pour Riga 109

CHAPITRE VI.

BATHORY ET IVAN IV APRÈS LA TRÊVE.

Bathory à Riga. — Relation du P. Scarga. — Importance de Riga. — Bathory pendant la Semaine Sainte. — Les

Jésuites à Riga. — Arrivée de Possevino. — Conférences avec le roi de Pologne. — Idées de Bathory sur l'Autriche et sur Moscou. — Il désire le maintien de la paix avec Ivan. — Ambassade du tsar auprès d'Élisabeth d'Angleterre. — Projet de mariage avec Marie Hastyngs. — Projet d'alliance contre Bathory. — L'intervention du pape jugée par Pisemski. — Conclusion 137

APPENDICE.

N° I. Possevino au cardinal de Côme, 10 et 12 octobre 1581 153
N° II. Le même au même, 20 octobre 1581. . . . 171
N° III. Le même au même, 29 octobre 1581 . . . 182
N° IV. Comptes envoyés par Possevino au cardinal de Côme, 30 octobre 1581 188
N° V. Possevino à Mgr Bolognetti, nonce de Pologne, 6 novembre 1581 200
N° VI. Possevino au cardinal de Côme, 7 novembre 1581 207
N° VII. Le même au même, 13 novembre 1581 . 211
N° VIII. Le même au même, 15 novembre 1581 . 215
N° IX. Le même au même, 17 novembre 1581. . 219
N° X. Étienne Bathory à Possevino, 29 novembre 1581 224

N. XI. Note sur les documents relatifs à la trêve de Iam Zapolski 231
N° XII. Possevino au cardinal de Côme, 21 janvier 1582 234
N° XIII. Le même au même, 22 janvier 1582 . . 243
N° XIV. Note sur Basile Zamaski et Hélène Chérémétev 246
N° XV. Note sur Nicolas Schomberg 247
N° XVI. Sources sur les discussions religieuses de Possevino avec Ivan IV. 249
N° XVII. Possevino au cardinal de Côme, 26 avril 1582 250
N° XVIII. Le même au même, 10 mai 1582 . . 256
N° XIX. Le même au même, 8 juin 1582 . . . 260
N° XX. Le même au même, 22 juin 1582 265

876. — Bruxelles, imprimerie Vromant, rue de la Chapelle, 3.

---

281. — Brux., Imp. A. Vromant.

www.ingramcontent.com/pod-product-compliance
Ingram Content Group UK Ltd.
Pitfield, Milton Keynes, MK11 3LW, UK
UKHW021055220726
13924UKWH00005B/2104

9 782019 962913